抗日战争档案汇编

抗战时期国民政府军政部兵工署第五十工厂档案汇编

3

重庆市档案馆　编

中華書局

本册目录

三、会议记录

三、会议记录

军政部兵工署广东第二兵工厂第一次厂务会议记录（一九三七年六月十五日）

廿六年六月十五日本廠第一次廠務會議

出席人員　林炳鈞、張武齡　鄭大強　劉文標

翁照桂　何家俊　蔡琳　李曾覺

江灼　高劍　秦昌照　梁步雲

李武白　陳炳梅　劉若珍　王熙

主席　廠長江　紀錄　翁照桂

討論提案三十二件

議程編號　決議

1　交保管科會計處討論

2　物料初到於驗收後、尚未入庫前，由保管科臨時保管。

廣州市越華路西南印刷所印

7-1

3	由廠長決定之。
4	交會計室討論。
5	交工務室調查後再行決定。
6	交工務室地產科商酌後再辦。
7	於領物辦法尚未詳細規定前，仍由各室所長管理。
8	仝前
9	按照規定範圍或於指定專業項下，支領物料，自應照發，其餘須詳為標註，呈請核發。
10	仝前
11	仝前
12	仝前

8

13	仝前
14	仝前
15	仝前
16	由保管科签請調撥
17	由廠長决定之
18	仝前
19	仝前
20	仝前
21	交考工委員会詳擬辦法呈核
22	交秘書室会同各處所擬辦

廣州市越華路西南印刷所印

8-1

23	無庸討論
24	於上工十五分鐘前放汽笛一次，以為預備上工聲號，但必與上工汽笛聲號分別長短
25	交職工福利會統行辦理
26	派林場何技術員向警隊接洽
27	交秘書室擬稿請予調回
28	交職工福利會辦理
29	交工務處辦理
30	着陳技正作核計劃後呈詳核辦
31	交職工福利會辦理
32	僱查所後接辦，另予着士兵參加建築工作，將來撥發工資一部，俾以資獎辦

第一次廠務會議提案

左列各項提案恭請

鈞座核奪謹呈

廠長

職代理材物保管科科長鄭大强謹擬

一、用料部分編製之材料預算，由保管科或會計處簿記課復核，及添註庫存數量，以便呈騰之需，祈指定。

二、本廠擬設物料驗收所，該所由何部主持，祈指定，以便擬具辦事條例。

三、已發出之物料，應由領用部分自行保管，以清職責；但已發出之桌椅等物，由庶務室或保管科管理之處，祈指定。

94

4
四、物料保管科，是否僅有數量上之保管責任，如爾，則擬請會計處按收材料帳簿，以便按月編製材料帳。

5
五、查各廠庫均儲有格蘭公司之物料，設由吾廠接收，則他日格蘭公司支出時發生困難，設不接收，則管理上亦有困難，可否函請格蘭公司派人前來說明，至有權以清手續。

6
六、祈指定庫房地址，以便着手計劃建築事宜。

木料庫、炸藥庫、廢料庫等等。

7
七、查各處均各自支領電燈泡，辦公室由庶務，路燈由動力廠，工具廠則行辦理，對于工作上諸多不便，而且無法統計，擬請劃一事權，以便集中管理。

8
八、所有領料單，必須蓋有填寫部負責人私章，由直轄長官核准後，送三張

10

領料單、至材料保管科轉發物料庫、物料庫每日分上下午送料、至各廠所兩次收料部分點收後、留一張領料在其他兩張上簽收物料庫存一張備查、送一張至保管科轉送會計處以便登記、

九、領料名稱說明及用途務必詳為標註以便考核而免誤發、

十、用途未經標註之領單、一概不准發料、

十一、支領正料、以恰敷用途為原則（或另加百分之五補充料）支領副料、以足一星期之用途為原則、切不可濫支以免遺棄、

十二、每一份領料單、限領一種材料、並限一種支出項目、以便記帳、

十三、非經正式領料手續、物料庫不得發出任何物料、例外須經廠長之許可、

十四、所領之料、如庫無備存時、由庫方呈請購置、

10-1

十五、出料手續由庫方派人送料、退料則由廠處派人自行料理。

十六、擬請調撥現在物料庫服務之職工四人以便指揮。

十七、柴油之耗銷可改為日報以便統計。

十八、查購料需相時期，如五金木料油料，究能于訂合同後若干時購到，以便分別籌備物料，而免中途缺料之弊。

十九、整購零發定為考核用料之基本原則，故本廠採取極微細之單位，望領料人發領人及會計處不厭其煩，以重國幣。

二十、自七月一號起每發一項材料，即填記材料編號，于月終時列單提出會議，以便討論，但擬請指示是否以署發材料類別為原則。

11

2

謹將職處提案列后，恭呈

鑒核。

謹呈

廠長江

職李式白（印）謹呈

21 一、工資應如何改發國幣案

22 二、管理章則應如何擬訂案

23 三、懇請添建廠内廁所案

24 四、擬在上工前加鳴一次汽笛作為預備案

12

25 26 27

總務處彙案列會議議程
六、十四

謹將職愚見提案述於如左

(甲)關於士兵體育運動器具竊以體育運動甚為重要對於士兵體魄之健康視乎平時之鍛鍊查職隊各種體育運動器具尚付闕如欲購置各種運動器具但職隊公費前經歸撥於廠未克如前所願以後擬請每月酌量發給體育費若干俾資購置補充是否可行伏乞

鈞裁

(乙)請派人專理農林場花卉樹苗竊查農林場花卉樹苗久經之人料理雖有職隊派出之軍士哨士兵一班駐守該處旦夕灌溉不致萎謝但對於農學及培植方法士兵多未諳請另派較明白種植人材管理該處樹苗以護公物而符提倡造林之意旨是否有當伏祈

鈞決

(丙)請調回駐守廣州河南防毒面具廠之一排歸還建制職隊前奉命分一排駐守河南防

廣州市越華路西南印刷所印

25 26 27

28　12-1

毒面具廠迄今數月、現聞該廠改編歸第三兵工廠、新委到廠長一人、對於該廠護衛應由該廠負責、或另組織警隊駐守、職隊派出之排、似無須駐守該處之必要、可否將該排調回歸還建制、請核示遵、

(丁)關於士兵識字教育、查識字運動倡行已久、人們若不識字、等於盲人瞎馬之類、似尤以軍人更須要識字、方明禮義、知廉恥、查職隊士兵多在鄉中耕農、貧苦出身、未受相當之教育、職擬每月發給紙張筆墨、各士兵習字、懇請

鈞長月中酌發士兵識字教育費若干、俾資購辦、可否之處、請核奪、

右呈

廠長江

警衛隊長林竹筠

中華民國二十六年六月十四日呈

借用

13

30

29

（一）呈為擬請架設電話以利通訊案

理由

竊查職隊駐守鬼窟地方、距廠及隊部遙隔、而責在護廠、萬一事起倉猝、對於一切報告及欲與各隊聯絡、取一致動作事宜、均感困難、茲為謀安全計、擬請架設電話、以利通訊快捷、而策安全、是否有當、敬請公決、

（二）為灌輸士兵智識擬請搭講堂案

理由

竊查士兵智識、參差不齊、茲為求普及起見、擬請蓋搭講堂、又查職隊未有飯堂之設、每膳即在就地操場而已、若遇天雨或大陽當空之際、必須近入士兵寢室床上用膳、對以秩序

廣州市越華路西南印刷所製

13-1

工衛生上殊多妨碍、而蓋搭講堂、既可以學科灌輸士兵智識、復可利用爲飯堂、一舉兩得、善莫大焉、是否有當、敬請

公決

提案人第二中隊長蔡琳

14

31 舉行識字教育灌輸士兵以學識案

提案者 第三中隊長高劍（印）

理由 竊查我警衛隊各士兵、其品類之不齊、語言之龐錯、省籍之複雜、智識之參差、真覺五花八門、是以平日施以學術各科之訓練、雖多方解釋、亦每苦格格難入、夷考其癥結所在、殆緣缺乏相當智識、一致語言之故耳、則舉行識字教育、灌輸士兵以各種應具學識、並同時授以國語粵語、俾謀統一、方言易於受教、殆不容或緩、惟是當此新營房尚未建築、原有葵棚又僅敷住宿、則講堂之設備宜預為之籌、不過各中隊之情形、略有不同、似可

廣州市越華路西南印刷所製

14-1

分別計劃，專文呈核也，謹擬辦法如後，是否有當，敬候

公決，

辦法 1.各中隊每日最少以一小時定為識字教育之時間。

2.各中隊如無講堂之設備者，應專案呈報請示辦法。

3.識字教育課目，暫定 1.讀書（軍人識字課本）2.寫字（印格及臨帖）

3.算術（筆算珠算）4.常識。（軍人常識及普通常識）

4.各中隊所用枱櫈黑板書籍筆墨等，由職工福利處

設法購置發給，

5.各中隊長分隊長等負教授士兵識字之責，教授時

須國語粵語互用，

15

32

請注意警衛隊士兵夏令衛生給發汗衣底袂案

提案者 第三中隊長高劍

理由 凡是動物，都没有不圖生存的，因為要生存，所以有種種生活方式來保護自己，防禦外敵，獸有毛，魚有鱗，螺有殼，蛇有毒，就是這種意義，我們人類，雖没有特別保護身體的利器，不過日常的衣食住行，也有一定的衛生方法，所以體康才能增進，壽命才能延長，現在對於食住行，因為或為事實所限，或為經濟所囿，都有特別情形，不能更有所改善的，姑且置之不論，單從衣的一方面着想，如今是五黄六熱的夏天，我們警衛隊的士兵、就祇有兩套新的、一套舊的軍服、因為赤帝司夏、戎經穢垢汗污、是要勤行洗滌曝晒的、那便僅足更換而已、最感缺乏、而又不可少的、就是汗衣底袂了、新的既沒有得發給、舊的又已破爛不堪、如果袒裼裸裎、豈不太無禮貌、不合新生活條件嗎、倘欲購買、那又薪餉有限、生活已極刻苦了、還從何積有餘錢、可供添置呢、惟是問題、當前是不能不妥謀解决的、茲擬辦法如後、是否可行、敬祈

公决、

辦法　每士兵發汗衣底袂各二件、所需經費、由會計處指定呈准撥用、

军政部兵工署广东第二兵工厂第二次厂务会议记录（一九三七年七月二日）

16

本廠第二次廠務會議紀錄

時間　七月二日

地點　辦公廳礼堂

出席人數　林竹籌　張式齡　關文標　劉天威　蔡琳　楊一儂

高鋼　李式白　王熙　侯桂孔　鄭大強　梁步雲

李昌基　秦昌照　王運豐　江杓

主席　廠長　紀錄　李昌基

議案共計壹十三件

決議案錄下

議程

16-1

1、規定每日七时三刻各工廠把工單由稽查室把經工務處轉陳　廠長

2、本廠規定每半月發薪一次各職工絕对不能借支薪資惟婚喪大事不在此限須待另酌

3、通過

4、各廠鎖鑰由工務處於每廠每日指定工人二名負責保管但須通知稽查室以便攷查

5、本廠為軍事重要机関自应（極端）保守機密無論何时何事均绝对不許任何居民通過惟為便利民衆計，另擬一妥善办法在此項办法未訂定前其南邊界址交陈技正竹梅查勘办理

6、由稽查室規定詳細办法

17

7、由警衛隊自擬式樣呈核
8、由秘書室查案辦理
9、由警衛隊呈請本廠俾便轉請照發
10、同6項決議
11、交福利處辦
12、由會計處會同採購科廠務室擬辦
13、由工務處動力廠妥擬辦法

工務處提案

一、各廠工人工作時數，專由稽查所報工，以省手續，請公決案：

理由：本廠工人自七月一日起改用到工單、工作時數記載綦詳，逐日由稽查所報明工數，並於月終將所有到工單彙送會計處，以備考核；規劃詳盡，不必再經工務處報工以省手續。如因特別事故加資或罰工者，由各廠主任報經工務處核轉，用臨時加工或罰工單送會計處，就其應得工資分別增減。

二、工人借支手續應加規定案：

理由：本廠工人或有不待結賬發資而預借工金者，關于借支手續，請加規定，以免紛歧！

11-1

3

24

三、本廠發給各科處之印刷文件，請增加份數，以便閱讀案：

理由：本廠所發文件，如會議紀錄，命令，通告等件，關係甚大。各科處於奉到之後，仍需抄録分發，俾有關係之各部門得以詳細參閱，遵照，實行。若於印刷時增加份數，酌量添發，既可促進工作效率，又省傳抄之勞。

四、各工廠鎖鑰宜劃歸稽核所保管，以便考查，請公決案：

查

理由：現在稽查所已經成立，嗣後各廠門户鎖鑰，應歸稽查所保管。上班前由各廠值日員會同啟鎖，下班後由稽查所下鍵。考查既極便利，秩序亦易保持。

提議人李式白

20

5

請豎立廠界區定禁域曉諭鄉民嚴懲闖進以杜姦宄案

奸

提案人 警衛隊第三中隊長高劍 高劍

理由 竊我廠為國防軍事建設之重要機關，對於警衛上，自應力求縝密，既以制漢奸、防諜探，亦所以重機要、杜洩漏也。但查本第三中隊側佛仔山上，每遇山洪水潦，桂窰村民，即引為藉口，群趨山巔，繞越步哨線而過，屢經哨兵告誡，仍復侗然以去，毫難理喻，雖屬別無捷徑可通，情尚可原，惟究易予奸人以可乘之隙，理難或宥，為杜漸防微，以免百密一疏起見，謹擬辦法如下，是否可行，敬祈

公決

辦法 1.豎立界石，明定四至，四至之內，非有證章或特許，不得闖進，違者拘辦。

20-1

2. 廠界之內、鄉民不得逗遛或放牧

3. 通飭警衛隊、不得徇私情放、擅准鄉民通過步哨線

4. 佈告附近鄉民、使咸知禁令

請議訂証章取締辦法案

提案人 第三中隊長高劍

理由 查証章之須發、所以資識別、正真偽也、故証章者不啻廠之代表矣、則宜如何以保存與愛護、殆已不言可喻、竊我廠自籌設迄現在、証章亦屢經改換、至於失劫者、當如何繳銷、其手續本甚單簡、可不具論、惟在經驗所得、則每發覺、臨時工人証章、有轉給非工人、以便進出本廠禁地者、更有種女工、將証章懸於裙内或下裳、一過檢查、則解衣袒示、或掀裳以觀、固屬醜態畢露、妖狀百出、殊覺鄙野可恨、然此猶可謂無知鄉愚所為、

廣州市越華路西南印刷所製

21-1

不足深責、乃最近有曾受教育之機械士兵、且竟有將証章扣於褲頭上、遇本中隊哨兵查詢時、乃故意挺腹解褲以示、此等䆊襱、固不僅侮辱國家軍隊、尤極自失人格、況褻瀆証章、即是褻瀆本廠、更為大不敬、似斯情狀、過去者雖可不必置議、惟前車之覆、後車之鑑、今後實有取締之必要、特擬辦法如下

辦法

1.限定証章佩帶位置

2.臨時工人証、由工頭每日於開工前、向副官處領取、收工時繳還、

3.如發覺有將証章或臨時工人証、轉借別人者

22

从嚴从重懲罰

廿八、證章遺失、須依手續辦理

廿九、非本廠證章、而未有特許者、概不得通過步哨線

以上所擬辦法、是否有當、敬候

公決

廣州市越華路西南印刷所印

2107

987

謹將職提議案陳述如左

一、關於官兵下半年年度胸章臂章請更換並請發給士兵領章以資

識別而壯軍容

二、請發給本隊官長佩刀以符中央部隊制服可否請公決

三、現因氣候暑熱士兵單服及白襯衣請增發一套此套多發單服平時

儲藏不穿以備檢閱敬礼或特别事故時穿之可否仰祈　裁奪

謹呈

廠長江

提案人警衛隊隊長林竹筠

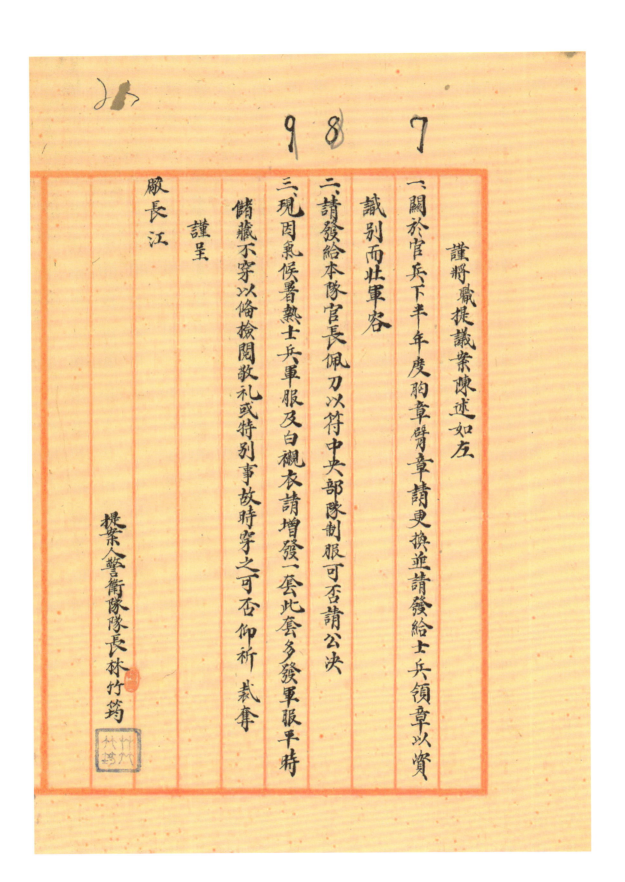

提議案

(一)對于本廠警衛隊全隊士兵現今依照新編制改編後各士兵現所帶之襟章臂章等級多有更改不符編制請從新發給俾資更正配帶

(二)本隊現值訓練對于教育書籍尚屬欠缺擬請購置最新出版之書籍分發俾資參攷是否可行伏乞

鈞裁

謹呈

隊長林 轉呈

廠長江

提案人第一中隊長關文標 呈 有 三十日

遲送作臨時提案 12

會計處提案

一、運費擬請改善、以免超過預算、請公決案

理由：查本廠運輸材料物品、運費多少並無標準、難以審核、茲擬辦法如下

辦法：所有材料及物品運費、擬仿照兵工署辦法、向中國旅行社或運館互訂合同包運、以省手續、而節靡費。至由江口至廠、亦應由車站運輸伕目訂妥包運、出具單據、以便計算易報、且運價規定、審核人員、有所遵守。當否○、請

公決。

公決：○二

廣州市越華路西南印刷所印

25-1

二、本廠大鐘，時有快慢，應校對準確，請公決案。

理由：查本廠到工放工，既規定時刻，但本廠大鐘，比較廣州（以正午十二時砲為標準）約快二十分鐘，現尚繼續每日行快，時間不能準確，茲擬辦法如下：

辦法：擬規定每星期三、六日由放號處打電話至廣州，將時刻校正，以資準確，當否，請

公決。二

提案人 秦昌照（代）

唐紹雄

军政部兵工署广东第二兵工厂考选委员会第一次会议记录（一九三七年六月十七日）

016

可

考選委員會第一次會議記錄

日期 六月十七日上午七点半

地点 工務處

出席 張式齡 鄭大强 孟憲聽 闞若珍 郝蓋臣 李式白

主席 李式白

記錄 鄭大强

議案

一、考選委員會之組織及辦事細則如何擬定案

議決 推張式齡 鄭大强擬稿會審轉呈 廠長批示施行

二、奉 廠長面諭本廠開工在即現有工人不敷分派應着即籌劃分期招

廣州市越華路西南印刷所製

16-1

可　可

募以利工作案

議決

1、人數及職別由工務處擬定之

2、地點除由華廠調用另有專案外第一期暫定在上海天津兩處招募

3、招工員擬請　廠長指定之先由考工委員會預選

4、招募方式不外公開招考及託人介紹兩種討論結果咸以採用介紹方式為宜擬于招募人員出發前請　廠長決定之用介紹法

5、新工旅費擬請由廠方供給船車票價其他費用概由工人自理

呈署

6、如採用公開招募方式似不宜收取報名費但所有檢驗體格費及材物銷耗費似應准招工員據實列報

可

017

7、新工自到廠工作之第一日起暫按招工員擬定之數發給工資試用三个月後如認為技能與工資不相符合時得由主管人員呈請增減之

可

8、工資之等級按考試成績分別酌定之其各項科目分數之比例擬定技能佔百分之七十學識佔百分之二十體格佔百分之十

可

9、試用三个月後重新核定之工資工人認為不滿意而自行告退時本廠不發給任何津貼

可

10、其他之規定悉遵部頒規章辦理之

可

三、奉

諭擬定現有工人改發國幣工資案

議決

1、所有工人均應重加考試按其技能學識體格服務成績品行分別評

定優劣遵照部章擬定工資呈請　核示

2、上列各項科目應分輕重擬定應佔考試成績之百分比如下表

項別／工別	技能	體力	服務成績	學識	體格	品行	備考
工匠	50%		25%	15%	5%	5%	
小工		50%	25%	15%	5%	5%	

品行一項應加說明

3、服務成績應由各廠主管人員評定品行由各廠主管人員會同宿舍管理員評定其他各項則由考選委員會辦理

可

军政部兵工署广东第二兵工厂考选委员会第三次会议记录（一九三七年七月七日）

025

考選委員會第三次會議紀錄

日期　七月七日十三點半

地點　工務處

出席　張武齡　李式白　郝藎臣　李夢芳　鄭大強

主席　李式白　　紀錄　劉貴璋

議案

一、茲草擬釐訂工資原則請公決！

(一)考試分數不滿六十分者降級。但

(1)原來工資在三十元以下者，

(2)平日成績分數在七十五分以上者，

25-1

(3) 係學徒性質者，

均保留原級。

(4) 係學徒性質而原來工資僅十五元者，擬酌予加資，以裕

生活而宏造就。

(二) 考試分數在六十分以上，不滿七十五分者，保留原級或補足級數。

(三) 考試分數在七十五分以上不滿九十分，原來工資不滿四十元者，得

越級提升，原資四十元以上者得酌量進級或補足級數。

考試分數在九十分以上，原來工資不滿五十元者，得越級

提升，原資五十元以上者，得酌量進級或補足級數。

(四) 因公出差，受傷，病假及小工均免予考試，就其平日

026

技能，成绩，性行擬訂薪餉。

決議：照辦。

二、按照以上原则並參酌其原有薪餉，各机械士兵日資應如何整厘定案。

決議：將擬給工資數目列表呈請廠長核定。

三、散會。

廣州市越華路西南印刷所製

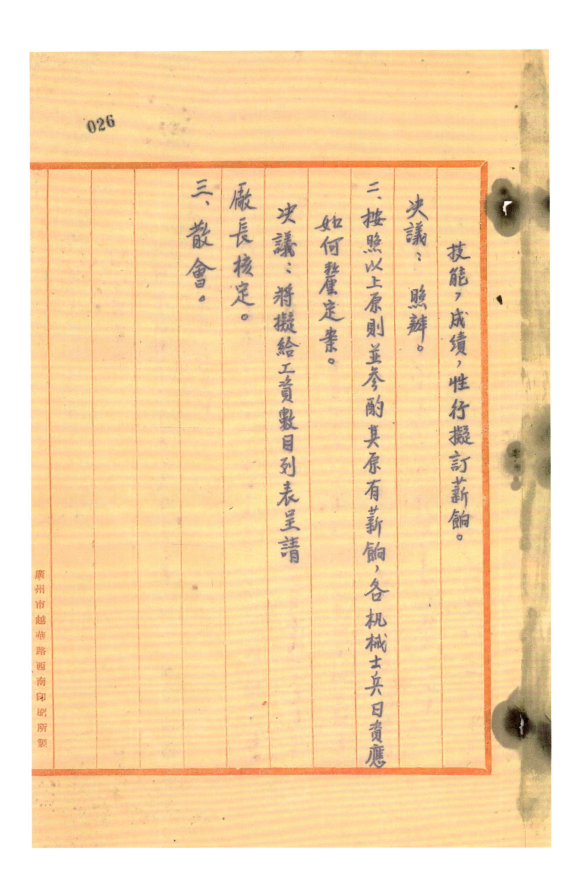

039

考選委員會第五次會議紀錄

日期　七月廿日午後二點鐘

地點　工務處

出席　葉卓林　關若珍　張式齡　李式白

鄒藎臣

主席　李式白　紀錄　劉貴璋

議案

查現在有不少曾經學習機械之工人欲充當本廠機械士兵，而本廠亦正有需要，如能就近考取錄用，可省遠道招募之勞，茲擬辦法數條，提請公決：

39-1

（一）介紹方法

1、公開介紹

2、本廠職員介紹新機械士兵應考，以介紹人確知其品行端正技術優良者為限。

3、本廠機械士兵介紹新機械士兵應考，以介紹人現在服役之部门為限，並須二名以上之介紹人。

決議：通過

（二）報名手續

1、投考人經過上項介紹手續後，自備二寸半身像片（去帽）二張及「證明文件」，交介紹人代為報名。

2. 年齡須在二十歲以上、四十歲以下者為合格，但有特別技能者不在此限。

3、體格　強健無不良嗜好者

4、資格

甲種機械士　曾在工廠服務十年以上者

乙種機械士兵　曾在工廠服務七年以上者

丙種機械士兵　曾在工廠服務五年以上者

以上資格均須有證明文件或其他有效証明經審查合格後另行榜示。

決議：通過

40-1

（三）試驗科目：

1、检驗体格：不及格者不得參加其他試驗。

2、口試看圖：不及格者不得參加其他试驗（小工不在此限）

3、党義、國文、算術。（筆试） 4、技術、

决議：通過

（四）日期

1、報名日期：第一次自八月一日起至十日截止，同日另行公佈考試日期。

第二次報名自九月一日起至十日止，同日另行公佈考試日期。

如第一期招考滿額時，第二期暂停

止舉行。

（五）地點　本廠

（六）旅費　應考人自備

（七）待遇　甲種機械士日資自一元三角起至二元止（如有特别技能者不在此限）

乙種機械士日資自八角四分起至一元弍角止

丙種機械兵日資自五角起至八角止

決議：通过

（八）散會

军政部兵工署广东第二兵工厂考选委员会第六次会议记录（一九三七年七月二十六日）

052

考選委員會第六次會議紀録

日期　七月廿六日午後二點鐘

地點　工務處

出席　葉卓林　李式白　郝蓋臣　張式齡

　　　闞若珍　鄭大強

主席　李式白　　紀録　劉貴璋

議案

（一）材物保管科工人三名奉

廠長批示一律考驗，其工資如何擬訂，請公决！

决議：木工張元英日資六角，劉慶奎原係燒爐

廣州市越華路西南印刷所製

52-1

工，擬訂日資六角四分。小工侯彌臣日資五角四分。

(二)製砲所工人唐德起，夏均陶，工具所黃鉅，奉命補考已畢，日資如何擬訂，請公決！

決議：唐德起日資一元七角，夏均陶日資二元，黃鉅日資一元一角。

(三)投効工人岳宗琦，周璨，龔德鈞，考試成績計岳宗琦八七．四一分，周璨七八．〇八分，龔德鈞七三．〇六分，如何辦理，請公決！

決議：三名通予試用一月，技術優良者留用，並得酌量加資；技術欠佳者不予收錄或酌減工資。

053

不願留廠者，聽其他去。試用期間岳宗琦暫支日資一元七角，周璨暫支一元五角，龔德鈞暫支一元。

（四）散會

056

考選委員會第八次會議紀錄

日期　廿六年九月十三日午後四點鐘

地點　工務處

出席　張式齡　郝蓋臣　關若珍　葉卓林　李式白

主席　李式白　紀錄　劉貴璋

議案

查本廠於本年七月佈告招考機械士兵。報名日期自八月一日起至十日止，為第一次；九月一日起至十日止，為第二次。第一次報名者僅十餘人，故與第二次報名人合併考驗，以節手續。目前應將關於考驗上之各種辦法，討論決定：

56-1

(一)考試日期如何規定：

決議：本月十九日先考驗小工，上午驗體格，午後口試。二十日及二十一日考驗機械士兵：二十日上午驗體格，午後口試並看圖國文算學，二十一日考技術。

(二)各考驗科目試題及主試人如何決定：

決議：1.口試 看圖試題由葉委員擬定並主持考驗。

2.車工試題由葉委員擬定，並主持考驗。

3.鉗工試題由關委員擬定，並主持考驗。

4.鍛工試題由張委員擬定，並主持考驗。

5.油漆由郝委員主持考驗。

6.國文試題由張委員擬定，並主持考驗。

7.算術試題由郝委員擬定，並主持考驗。

(三)本會七月間考取機械士兵岳宗琦、周璨、龔德鈞三名，經第六次會議決議：試用一月後，技術優良者留用，並得酌加日資；技術欠佳者不予收錄。等語，紀錄在卷。

頃奉

廠長批交關主任九月七日報告乙件，內稱：「岳周二人能力與日資尚適合，惟龔德鈞一名，對於修砲工作，查覺其技術優良在當日考試成績之上，似宜酌予加資，以示公允。」應如何辦理：

57-1

决議：龔德鈞由閑主任將其實際工作件檢出，審查其精緻及準確程度，與工作時間，提交下次會議討論決定。

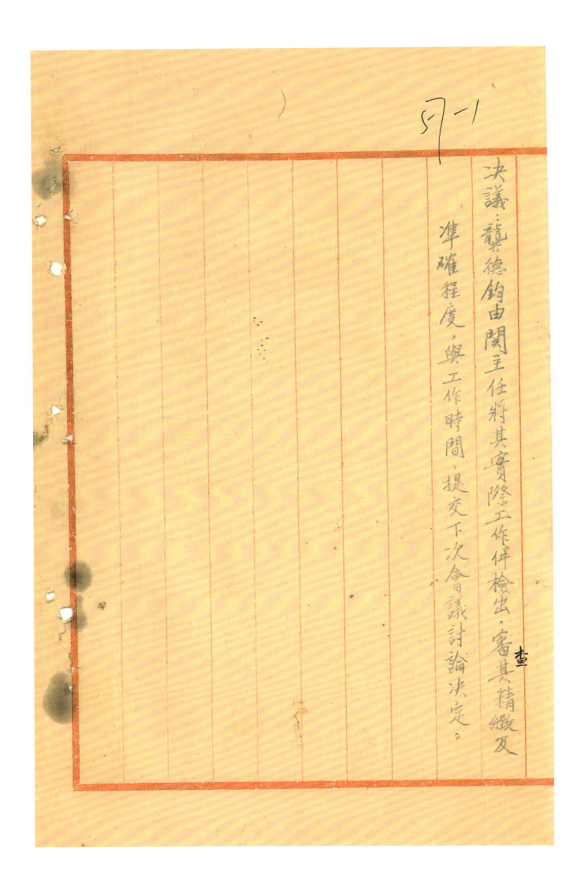

063

考選委員會第九次會議記錄

時間　二十六年九月二十四日午後二時

地點　工務處

出席人　張式齡　郝蓋臣　關若珍　朱恩明

李夢芳　李式白

主席　李式白

紀錄　劉貴璋

議案：

(一)本會於本月二十、二十一兩日考驗新機械士兵，計實在應考者

十六名，茲將題目及工作件提出討論，以定去取。

63-1

決議：查本廠現在所需要者為技術優良之工人，其能力較低者，本不乏人。此次考驗之十六名中，除(1)鉗工，許國祥、陳十賢二名。(2)車工，劉珠、凌耀二名。(3)鍛工，何杏池一名。(4)油漆工，余熾一名，計共六名，可予試用外，其餘均不錄取。

(二)許國祥等試用期內日資如何擬定？

決議：許國祥日資國幣一元五角，陳十賢一元四角，劉珠九角二分，凌耀八角八分，何杏池八角，余熾六角。試用一月，按其成績優劣，酌予增減。

(三)已經考驗之小工陳日新等十七名，如何錄用及擬定日資？

決議：陳日新等十七名先行試用，由工務處分派工作，試用日資一律四角，一月後優良者録用，並可酌加日資；能力不佳者除名，或減裁日資。

（四）以上各節俟呈明廠長核准後，公佈施行。

散會

军政部广东第二兵工厂考选委员会第十次会议记录（一九三七年十二月四日）

068

考選委員會第十次會議記錄

時間：二十六年十二月四日上午八時

地點：工務處

出席人：葉卓林 張式齡 鄧蕃臣 李蕚芳

闕若珍 朱恩明代李式白

主席 李式白 紀錄 劉貴瑋

議案：

(一)本廠工人殷漢香等十三名及秦平來等四名，來廠時適值本廠被炸，無法考驗，暫以臨時工人呈請錄用，刻機器整理將次就緒，亟應考驗甄別，以定去取。十七名中車

68-1

工八名，鉗工一名，鉋工一名，銑工三名，壓搾工四名。關於試驗準備如何辦理？請公決。

決議：

(1)葉主任派工檢驗電線及馬達。朱技術員準備應用機器工具及試驗材料。

(2)李院長檢驗體格，葉主任考試看圖及口試，張主任考試國文及黨義，鄒技術員考試算術，朱技術員考試技能（包括車、鉗、銑、鉋等工）各科題目由考試人擬定之。

(3)本月十三日上午檢驗體格，下午試驗看圖、口試，國文、黨

069

義及算術等科目，均在製砲所舉行。十四日試驗技能，分别在製砲所及彈夾所舉行。以上各節，除呈報外，並通知各工人知照。

敬會。

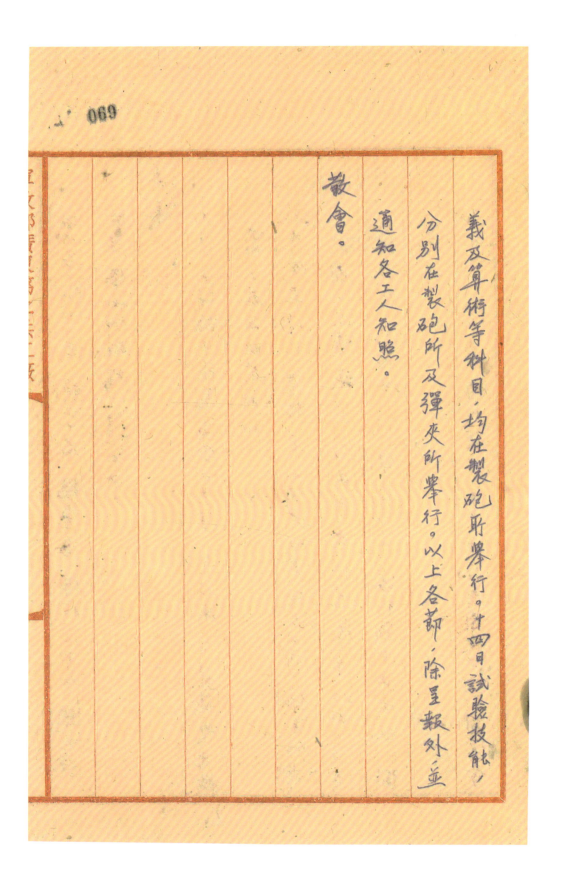

083

考選委員會第十一次會議紀錄

日期：二十六年十二月二十三日上午八時

地點：工務處

出席人：李式白 鄒蓋臣 鄭大強 張式齡 葉卓林 朱思明

主席：李式白 紀錄：劉貴瑋

議案：

本廠臨時工人繳漢香等經本會第十次會議決定補行考驗，並呈明廠長在案。現已考驗完畢，其日資如何擬定，請

軍政部廣東第二兵工廠

83-1

軍政部廣東第二兵工廠

公决。

决議：擬定殷漢香日資一元七角，徐錫振、陳廷芳、周順景三名各一元六角，陳藝芳、蕭建元、王志炎三名各一元五角，徐九華、余秉皋二名各一元二角，文占武、陳漢維二名各八角八分，李昌隆、王正富二名各八角，趙同祥六角四分。以上擬定日資數目，呈請廠長核示。

散會。

086

考選委員會第十二次會議紀錄

日期：二十七年一月十四日午後四時

地點：工務處

出席：李式白　閔若珍　張式齡　郝蓋臣

主席：李式白　紀錄：劉貴璋

議案：

一、殷漢香等考試一案，奉

廠長批示：查此次技能題目較歷次繁難，又有因工具不良，而影響工作件之精度者，備據此評定，似欠公允，仰即重行考試呈核。自應遵照辦理。閔於題

軍政部廣東第二兵工廠

86-1 86-2 86-3

軍政部廣東第二兵工廠

目及試驗材料，日期，如何決定，請公決。

決議：

題目以考驗本廠机械士之舊題目爲標準，但將寸度及公差略予變更，列表如下：

（甲）車工題目：

式樣應包括

1、螺絲（米制或英制）

2、錐形

寸度方面應有下列配合：

1、Feinpassung（配合記號EL或L）

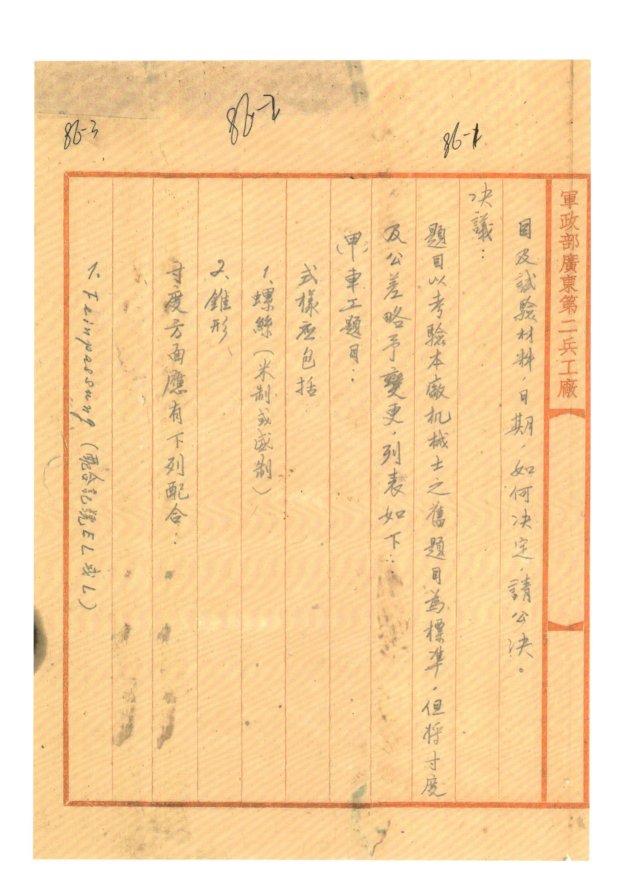

2. Schlichtpassung（配合記號 sg 或 sL）。

3. Grobpassung（配合記號 gl）。

（乙）刨工題目：

公差暫定 0.5mm

（丙）銑工題目：

公差暫定 0.1mm

（丁）鉗工題目：

不得包括曲線

試驗材料及應用机器、工具等項，請 關委員籌備。

自本月十九日上午七時半起，仍在製砲所舉行試驗。

87-1

軍政部廣東第二兵工廠

以上決議呈報

廠長，並通知殷漢番等知照。

二、查本会第八次会議紀録，議決案第三條：「閔委員報告：『机械士龔德鈞一名，對於修配工作技術優良在考試成績之上，似宜酌加工資』等由。決議：『由閔委員將实际工作件檢出，審查其精緻及準確程度與工作時間，提交下次會議討論』等語，紀録在卷。此案未便久懸，應如何辦理，請公決！

決議：

本廠自去年九月被炸後迄未正式復工，故龔德鈞

亦無正式工作件足資審查。可否酌予加資，以昭公允之處，另案呈明

廠長核辦。

（三）散會。

军政部广东第二兵工厂考选委员会第十三次会议记录（一九三八年二月二十六日）

114

考選委員會第十三次會議紀錄

日期：二十七年二月二十六日下午三時三十分

地點：工務處

出席人：李式白　葉卓林　閔若珍　張式齡

郝藎臣　朱恩明

主席：李式白　紀錄：劉貴璋

議案：

(一)奉　廠長交下工務處呈准復試日資不滿一元之机械士兵一案，經本會佈告：「日資不滿一元之机械士兵，自審技術確有進步，願受考試者，限於本月二十

114-1

五日以前來本會報名登記，以憑考核」。現在報名期限已經截止，計投名者二十八名，新來投効奉廠長批准參加考試者（聶尚清）一名，共二十九名。考試分工計有鉗工、車工、刨工、電銲、電話、發動机、修理工具、木工車工八項，但本廠机器多已拆卸，其中不能實際試驗者，如何辦理？請公決！

決議：(1)電話(2)發動机(3)修理工具（木工所）(4)木工車工，採用口試，其餘實際工作。小工按平日服務成績劃給分數。

(二)考試科目及所佔總平均分數之百分比，如何規定。

115

决议：新试者照成案办理。复试者分为服务成绩（包括品行）及技能两科，各占总平均分数百分之五十，学识及体格免试。

（三）考试题目及主试人如何规定。

决议：普通木工作长方木盒，就角度及接笋精度划给分数。电焊试焊平对及角度。车工、钳工及刨工、照本会第十二次会议决议案第一条办理。电话及发动机由叶委员主试。修理木工工具及木工车工由郝委员主试。车工、刨工、钳工及电焊由关委员主试。服务成绩由各该所主管技术员划定，送交本会。

115-1

（四）考試日期及地點如何規定。

決議：定於三月四日考試。車工、刨工、鉗工及電銲在製砲所舉行。應用材料、工具、樣板及机器等由關委員籌備，其餘分別在各該所舉行。

（五）關委員提議：復試机械士兵中如有成績優良者，是否按照本會歷次考驗標準擬給日資，抑限定進一級或兩級為止。應預行規定，以便重擬日資。

決議：呈請

廠長核示！

（六）散會。

军政部广东第二兵工厂第一次防空谈话会记录（一九三七年八月二日）

秘密

呈阅 八.五.

020

軍政部廣東第二兵工廠第一次防空談話會紀錄

時間：二十六年八月二日上午十一時

地点：廣東第二兵工廠總辦公廳礼堂

出席人員：王熙 李瓊璧 林竹筠 黃松軒

鄗蓋臣 王仲萍 王運豐 李式白

劉天成 潘玉標 朱深雲 周光堯

張式齡 翁聯桂 葉卓林 鄧國有

宋世忱 潘尹 黃國棋 江杓

主席：江杓 紀錄 朱中

開會如儀

20-1

甲、主席報告：

今天召集各位来開第一次防空會議，因為時间的倉卒·所以沒有預先通知各位準備提案。現在只好把他改為防空談話會。本来防空的原則上，包涵極廣，我们在事実上不能作積極防空的準備，但是，在消極方面，則不能不有相當的籌劃。今天召集的談話會，就是這個意旨，希望各位本這意旨，提出具体的方案來討論，其餘的散星事件，也可以自由發表意見，以供參考。

乙、提議事項：

一、關於本廠房屋及道路，目標太大，應設法塗蓋，及其他事項：

1、各道路及山坡，目標顯著處，應舖以綠色草皮。

2、各房屋上頂及墻壁，應塗以與草同色之油或灰。

3、鉄橋上端，須造一假山托蓋，以資掩護。

4、廣東防空處規定以電話、汽笛，標幟報警，本廠亦應規定。

5、在夜间接得敵机飛到之警報時，應即刻電知水電所熄滅電灯總杌。

提議人王　熙

二、関於警備配置位置（另具書面）略

21-1

提議人林竹筠

三、敵机多自東來，在未進廠内空中之前，應如何阻止？既入廠内，應怎樣不使低飛？

提議人張式齡

四、山坡及道路草皮等掩蓋工作，請以全廠職工官兵、實行總動員。又充作飲料之水塘，須用蓋々好，以免毒氣之侵入。

提議人林竹筠

五、関於灯火等管制，應請注意之点：

1、燈火管制，須派專員負責管理。本廠附近之鄉村燈火

022

，足以影响本廠安全，亦須設法控制。

2、交通管制：在敵机來時、各職工不得乱跑、並須派人指導。

3、請指定各部分，分别担任防空工作，在敵机来時、分途出動，辦理防空應有事務。

提議人李瓊璧

六、関於報警及隱避，應請

1、增添軍用電話机，分裝各要地，以便連絡報警。

2、多挖山洞，以作員工避難之所。

提議人李式白

教育路東明印

22-1

七、各處電燈，須準備布罩。

提議人葉卓林

八、關於消防及防毒，應請：

1. 準備滅火葯水及沙或其他物品。

2. 製辦防毒面罩。

3. 組織消防隊。

提議人鄧國有

九、積極與消極防空之書籍，均有出售，各職工應自動購讀，以作參考。

提議人翁騏桂

丙、主席訓示

013

各位所提防空办法，大致不外乎警报、警备、伪装、掩避，消防，防毒，灯火管制等。但是，对于保管，救护，消毒等问题，却少注意。譬如保管方面来讲，如果某部分被毁，在三两个月，还可以修整完好。假使秘书室之文稿电报和工务处的重要图样，一旦毁灭，就是十月或一年，也无法清查。由此看来，保管文书图样，比其他工作尤为重要。其次，救护与消毒，也是不可忽略的。因为敌机既轰炸，或者放毒后，当然免不了死伤或中毒，如果不施行救护及消毒等工作，那我们自有徒叹伤亡，而且失掉了消极防空上的一部分意义。所以我认为以上三点，必须提出

23-1

討論的。再者，本廠因事寔上之需要，計劃成立一個防空指揮部，以統籌防空上之種々事宜，大概明天就可以開始組織。指揮職務，照例由本席兼任，其餘人員，明天當可派定，在派定之後，不要推辭，並且要負起防空的任務，努力工作，這是本席所希望的。還有一点：就是関于防空提案，總要在節省的原則下，力求確寔，不要空泛成為不適用的高調，請各位注意。——完了

丁、散會

军政部广东第二兵工厂第二次防空会议记录（一九三七年八月三日）

024

秘密

軍政部廣東第二兵工廠第二次防空會議紀錄

時間：八月三日上午七時

地點：廣東第二兵工廠總辦公廳禮堂

出席人員：李式白　李尊芳　李瓊璧　蔡琳

林竹筠　潘玉標　葉卓林　張式齡

陳竹梅　王熙　翁聯桂　江杓

主席：江杓　紀錄：朱中

開會如儀

甲、主席宣佈事項

本席根據第一次防空談話會議結果，成立一個防空指揮部，下屬糾察、救護、消毒、消防，警報，警備，保管，工程等八組。除指揮職務，由本席兼任外，其副指揮職、派李式白，梁步雲担任，至各組主管人員及各組應有之任務，茲宣佈如下：

1、糾察組　関於平時職工防空訓練及防空演習與避難時職工行動之指導及偵察、情報等事項属之。其職務派王熙担任

2、救護組　関於平時救護藥品及器材之準備，遇警時，施行救護等工作属之。其職務派李蕚芳担任。

3、消毒組　関於準備簡要之消毒用具，藥品，處理敵机毒化區域及受毒人員消毒等工作属之。其職務派

何家俊、李燮壁担任。

4、消防組　關于籌備滅火机具，及葯，水，沙等。遇警時，實行消防工作等屬之。其職務派徐鑑泉，張式齡担任。

5、警報組　關於敵机來時，利用電話，汽笛，哨音，及其他各種信號以報警。敵机去後之解警。並辦理通訊連絡，燈火管制等工作屬之。其職務派閻若珍，葉卓林，許提三担任。

6、警備組　關於防止敵机之襲擊，及敵机擾亂時，各衝要地區，有否漢奸潛伏破壞或土匪乘机活動，偵

25-1

祭及防止等工作屬之。其職務派林竹筠，潘玉標担任。

7、保管組　關於各種文電稿件，圖樣印信及重要法規之保管等工作屬之。其職務派鄭大強、翁聯桂担任。

8、工程組　關於各部分被毀後，各種工程之修整及計劃與築等工作屬之。其職務派陳竹梅、蔡琳担任。

關於各組任務及負責之人員，業經宣佈明白。其次有兩點：

1、在兩日內，分別組織完成。用人方面，不限課室，遴選充任，然後呈請明令調遣。

2、各組必需之防空用品，限兩日內，造具計劃送核。其責

026

用不宜過鉅，因為我們的防空，不是物質，而是精神。

乙、提議事項

1、本廠各部分之各種文書圖樣等要件，須分為最要，次要，普通三種，由各部自行飭派專員管理，如警時，該負責人，應將本人所保管之文件，攜入避難室，以策安全。

提議人翁聯桂

丙、討論事項

1、宣佈防空指揮部組織及派任之人員。一致無異議。

丁、散會

閱、山洞廠由地產科選定地點予以增加備避難及保藏物品之用

松 の の、

092

軍政部兵工署第五十工廠防空會議紀錄 第一次

軍政部兵工署第五十工廠防空會議紀錄第一次

日期：三十年三月三十一日下午二時

出席者：工務處李處長式白　會計處曾處長邦熙

秘書室何代主任秘書家浚　福利處胡代處長超榮

工程師室陳代總工程師世仁　地產科陳科長維新

稽查室王主任熙　保管科蕭代科長鴻勲

醫院周院長緒　運輸科王代科長有慶

警衛隊王兼大隊長熙　庶務室王代科長有慶代表

出納室朱課員玉懐

主席：何代主任秘書　紀錄：李文亮

A3-7

一 主席宣佈開會理由

奉 廠長諭：因於本廠遇空襲時，所有各項成品，文件，簿據，以及一切貴重材物等等，應使可能設法保存，避免損失，請各主管部份預籌妥善處置，未雨綢繆，用策萬全。

二、討論事項

1、工務處：本廠電話總機，因係本廠聯絡通訊及指揮，至為重要，前定安設B14號廠房旁山洞內，惟以該洞太過潮濕，不適於用，似須另籌補救辦法，以臻完善。

決議：工務處地產科會同設計辦理。

2、工程師室：本室圖件浩繁，且皆重要，但以公役祇有一人

094

每遇空襲，常感搬運不及，擬請遇空襲時，多派公役弍名來室協助，以期妥捷。

決議：請庶務室照辦。

3、保管科：

A、火工所備裝炸藥及待運成品，似宜另建分庫，以減少危險，如何？請公決！

決議：請工務處擬訂辦法，呈請施行。

B、關於各項成品，除有一部份存放山洞外，餘皆堆積牛耳沱駁船上，究欠安全，似應另謀妥當地點安置，以防萬一。又該項成品現僅有士兵兩名看管，畧嫌不足，

P4-1

似宜加派班長一名並士兵若干，輪值守衛，以昭慎密。

決議：警衛隊士兵不敷分派勤務，從緩計議。

C. 晚上空襲警報鳴音太沉，住居鑼旗寺宿舍職工，常有不聞之弊，似應設法改進，庶保無虞。

決議：請稽查室多派號兵吹放，如不敷分配，可呈請添補，並將警報號音重新公佈。

4. 出納室：本室現金賬籍遇空襲時存放問題，為安全便捷計，似應購置手提保險箱一具，以資應用，並請多派公役一名，以供差遣。

決議：保險箱可簽呈請購，公役請庶務室酌派。

095

5、緊急時暫開至山附近隱蔽

5、運輸科：本廠在大興場之汽車，原庫靠近公路，目標顯著，頗有可慮，擬請指撥山洞停放，藉保萬一。

決議：請示。

6、稽查室：空襲時本廠員工能遵守防空秩序者固多，而徘徊洞口觀望，或隨處行走，不服指導者亦不少，應如何辦理，請公決！

決議：再行通告制止。

7、會計處：本處簿據繁重，公役過少，遇空襲時搬運恒恐有失，擬請庶務室加派公役兩名，以為幫助。

決議：請庶務室酌派。

P5-1

8、工務處：大禮堂防空洞過小，本廠職工眷屬頗多，不敷容納，似仍須繼續開鑿擴通，以應需要。又該洞附近路面崩壞，晚上避襲，時有蹎躓之虞，亦須予以修補，以利通行。

決議：地產科務商續辦，派工修補路面，並將邑粟堡山洞打通，B14號山洞增建洞口。

9 地產科：

A 本廠邑商工人為數不少，似宜指定避襲地點，以維秩序。

B 各防空山洞內，似宜酌裝電池電燈，以便員工避襲時可以閱讀書報，作精神上之調劑，必要時並可假作承辦要公，是否可行？請公決！

決議：請示

10、福利處：

A、現有米庫聚處一隅，殊形不利，擬請增建分庫，以便疏散。

決議：請示。

B、各部份職員倘遇警報時，其方辦及待辦文件不及放存公文箱內搬往山洞，即須隨身攜帶進洞，不然，設有不測，應由各該員負其責任，當否？請公決！

決議：通傳知照。

二、主席：各部份文件、檔據及附表等件，應由各主管分別指定人員負責檢點及指揮搬運，如遇每日下班、例假及特別假期，並須於事前妥送山洞安放，以專責成，而免有失。

——畢會——

李式白为报兵工署第五十工厂第一次工务会议记录致丁天雄的签呈（一九四一年五月二十三日）

附：第一次工务会议纪录

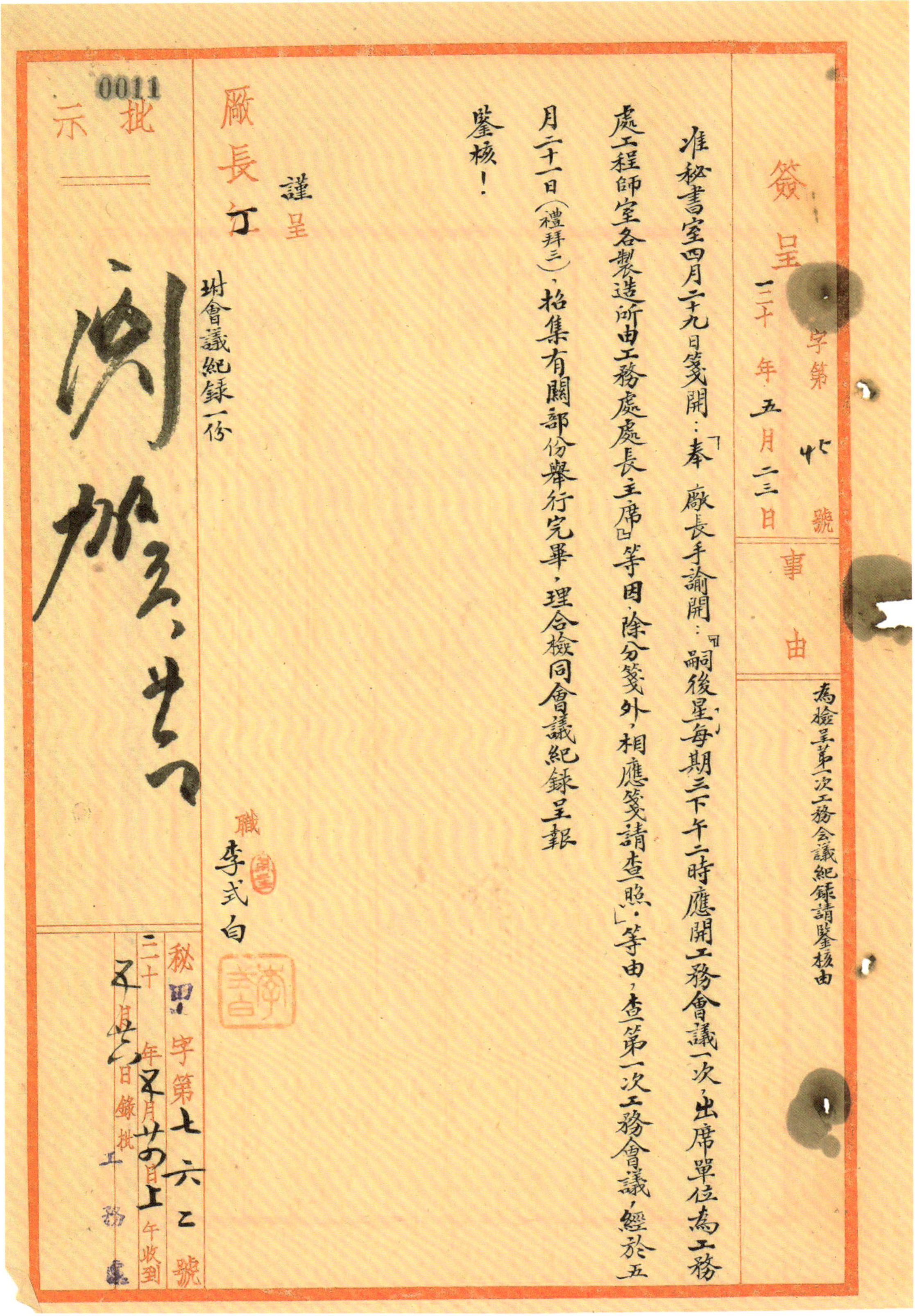

0011

簽呈 三十年五月二十三日 字第45號

事由：為檢呈第一次工務會議紀錄請鑒核由

准秘書室四月二十九日箋開：「奉 廠長手諭開：『嗣後星每期三下午二時應開工務會議一次，出席單位為工務處工程師室各製造所由工務處處長主席』等因，除分箋外，相應箋請查照。」等由，查第一次工務會議，經於五月二十一日（禮拜三）招集有關部份舉行完畢，理合檢同會議紀錄呈報

鑒核！

謹呈

廠長丁

附會議紀錄一份

職 李式白

秘四字第七六二號 三十年五月廿四日上午收到

錄批 工務處

批示：閱

0012

第一次工務會議紀録

日期：五月二十一日（礼拜三）

時間：下午二時

地点：工務處

出席人：工務處長李式白　總工程師汪源

工務處各所室主任　工務處各課課長

主席：李式白

紀録：丁憲章

（一）主席報告：

本廠因設備及組織關係，工作似嫌散漫，聯系尚欠週密，茶就感

121

覺所及，略為提出，希望儘可能予以補救：

1. 關於半製品工具亦即本廠自製之件，在工作過程中應由各部份互相接洽，如有不明瞭情形，可逕與分配課準備課洽商，關於砲彈方面并由大工所總其成，設法向各部份催促。

2. 向外定製各件，由使用部份自行催促，以資簡捷。

3. 各製造部份缺乏材料，可於材料會議前兩天開列料單，預備屆時提出解決。

4. 本廠每月出品報告表，過去因各部份缺乏聯系時常不能如期造報，嗣後請分配課於每月十五日招集彈夾、引信、大工、半檢室四個部份開會商討，以免延誤。

(二)提議：

1.火工所提：按照本廠本年度產量出品預計，目前引信、彈尾、銅墊圈均不敷用，擬請設法補救。

決議：由彈夾所、引信所設法趕製。

2.製砲所提：

(a)三七砲工序表亟待編製。

(b)A1號廠房大車床腿，前在瀘江被炸壞，此項系樣，亟須繪製，以便備配。

決議：以上兩項請工程師室辦理。

(c)三七砲已有樣砲一門製成，此後如工具材料供應適宜，工人能火批格補，擬繼續出品，所有砲身砲架記錄簿及三七砲使用說明書，須從速印製，應如何辦理案。

決議：砲身砲架記錄簿由工程師室先行晒印，三七砲說明書中實物照像約卅張，由製砲所請購膠捲並由周主任祖彭拍攝，圖樣照像約十張，与照像館交涉拍攝。

李處長式白提：

(a) 籌造八二引信、工具、樣板亟須設計，擬請工程師室办理，并儘先完成樣板案。

決議：汪總工程師以此項引信零件太多，且六公分迫彈無用延期引信必要，擬將前設計之第二十七式引信改良應用，俟此項引信試驗完成，再設計工具樣板等件，以便大批製造。

(d) 三七彈葯車原無圖樣，故未定料，後照俄造彈葯車画圖，但(1)材料不易補充，(2)車廠限於機力人力無法製造，現預計七月份正式出品，擬請工程師室先行設計轅杆圖以應急需

決議：照辦

(C) 車廠引信所用之離心子，前曾設計試製，以鋼料欠佳，未能完成，現有存料，僅敷兩個月應用，請研討補救办法。

決議：由工程師室仿照第一廠前在鞏縣時壓製卜福斯引信離心子办法劃簡單壓模，并請向第一廠借百噸熱壓衝模鋼，此外現製彈帶毛胚方法，急待改善，應一併設計。

军政部兵工署第五十工厂第四次工务会议记录（一九四一年六月十八日）

4

署字705號

第四次工務會議紀錄

日期及時間：六月十八日下午二時（礼拜三）

地点：工務處

出席人：工務處長李式白 工程師室工程師楊書仇

工務處各所室主任 各課課長

主席：李式白

紀錄：丁憲章

（甲）主席報告

1、廠長以本廠出品太少，經費頗感支絀，希望從速趕製砲彈繳庫以資補救，製砲工作亦盼同時積極進行，並擬

4-1

照預定每月出三七砲五門外，月能多製一門，即酌給獎金二日以資鼓勵，至六公分迫砲，盼至本年底完成砲筒六百門，零件則請他廠代做，俾對本廠經費有所調濟，請各部份倍加努力，庶不負　廠長期望之殷切。

2. 本廠目前工人不敷分配，亦有延長工作時間，請各部份斟酌情形，認有必要時可改作双工。

3. 從前所討論之獎金辦法，因無出品數量作根據，流弊頗多，現擬根據德國 R. Efle 工時表，在砲所據板所試驗，俟求得本廠工人能力平均數後，再設法推行各所，將來由預算課切實統計，作精確考核，以便根據給獎，用昭公允。

5

（乙）提議

1. 主席提：近来發現各部份間或於下班後機器仍未關閉情形，希嚴加注意案

決議：由各部份先指定專人負責，水電所并從速完成路灯專線，將来另置總開關以便管制。

2. 禮拜天各部份文件畫樣，應於禮拜六下午下班時送至水電所柴油機房以策安全案

決議：照辦。

3. 鑄工所生鉄賬目，因廢彈退還手續不清，不易結算，將来彈夹所或半檢室如發現廢品，擬請先行退庫過磅後，作

5-1

為原料發給鑄工所以資清楚案

決議：照辦，并通知保管科查照。

4. 三七砲零件完成甚多，廠房無處存放，擬請保管科設立零件庫以便管理案

決議：函請保管科設立零件庫，以利進行。

5. 準備課提：

a. 本廠所製六年式山砲彈，擬於完成卅四萬四千發之一批後，引信、彈體擬遵令分開裝入箱內，以資妥善案

決議：如工具等不成問題，可照辦，惟應同時呈署備案。

b. 查引信裝在彈体後，須用洋衝衝牢以免脫落，將来此項

6

工作須由軍隊自行辦理，應如何促其注意案

決議：編印說明書，裝箱時每箱附入一張。

6. 製砲所提：

a. 製砲工作，感到下列各問題，仍未能迎刃而解：

(一)原擬不接修任何砲件，事實上多因軍事急需，兼有最高軍事長官迭令辦理，無法不予接修。

(二)材料方面，有一部份因在德國所訂購者運到過晚，先以代替品試製不適用，勢須仍用德國原料，不免事倍功半。

(三)技工人數原計劃補充五十人為最低限度，至目前已數月，僅添補一人。

6-1

按以上諸原因，故前報七月底出砲日期，勢須延誤。必要時可改作双工，如屬短期，當無大問題，惟在本廠目前技工補充困難之情形下，勢須長期辦理，如此職工精力恐感不支，宜考慮案

決議：製砲工作應加緊進行，但加双工不限於全部与長期，可視事實需要，採局部短期加工，以利進行。

军政部兵工署第五十工厂第五次工务会议记录（一九四一年六月二十五日）

000005

（字第1060號）

第五次工務會議紀錄

日期及時間：六月廿五日下午二時（星期三）

地点：工務處

出席人：工務處長李式白 總工程師[illegible]源

工務處各府室主任 工務處各課課長

主席：李式白

紀錄：丁憲章

（甲）報告事項

一、頃奉甲字第一三一號廠令飭將七月份7.5山野砲彈出品增加，并擬具增産辦法及預計最高産量，請切實討論，以便呈報。

51

二、本廠撥調沅陵砲廠技工事，昨奉交下第一廠轉來夏祥惠及朝鼎報告各一件，均係洽办此事，本廠已遵照將本廠目前工人待遇及福利情形呈報 廠長請轉知办理，俟有具体決定再行報告。

董

(乙)提議

一、主席提議：

1. 廠長飭令七月份增加砲彈出品事，應如何決定案

決議：如底火，傳爆管，無烟药，鉛皮箱等能充分供給，不致誤事，可先將不急要之工程作，暫行擱置，必要時設法局部加工，七月份預定生產7.5山野砲彈四千顆，惟關於加工時間之吃飯，渡江

可請廠長
解決
於三、三
不可照辦
加

000006

等切要問題，必須請 廠長設法解決，以利進行。至15公分迫弹，雖未奉 令增產，七月份亦須努力完成实弹一千顆，練習弹六百顆。

2.本處目前係明令加半工，現在實行填報之呈請加工單甚不需要，可否暫行省簡？但遇半工以外之加工，仍須照例填報，以符功令案

決議：簽請 廠長核准后實行。

3.工作件因用途不一，表面精度有時須絶對精細，有時可略粗糙，本廠過去多一律細製，殊不合算，應切實規定精度標記製成式樣分發各廠房參照，以經濟時間和精力案

照辦 機　11　6-7

决議：工程師室設計。

4. 由成都藝校調来之学生身体正在發育時期，該校駐廠聯絡員擬將該生等加工暫行取消，并將晚飯集体取回宿舍共食，以重衛生，應如何辦理案

决議：照辦簽請 廠長由下週（七月一日）起實行。

二、警衛所提：

1. A5 A6號廠房間，距稽查所較遠，附近居民可通行無阻，應亟設法防範公物之被盜竊案

决議：两稽查室設法防範并加崗警戒。

2. 第二次工務會議本所提經決議請給擊安港廠被炸壞之A5號

廠房大車床腿畫樣，以便修配一節尚未着手，請早日辦理案

決議：仍請工程師室辦理。

三、木工所提：

E26号房廠工作時塵灰瀰漫，工人因而罹肺病者已有數人，應請趕速裝置吸塵設備，以資補救案

決議：工程師室設計，將來彈夾所亦應酌量裝備，以重勞工。

四、水電所提：

透平機主軸銹壞，勢須車細，其軸承尺寸亦應更改，將來應向美訂購或自行製造，以免誤事案

決議：雙方同時進行。

7-1

(丙)散會

军政部兵工署第五十工厂第六次工务会议记录（一九四一年七月二日）

000042

乙字第1106号

第六次工務會議紀錄

日期及時間：七月二日下午二時（星期三）

地点：工務處

出席人：工務處處長李式白　總工程師汪源

工務處各所室主任及各課々長

主席：李式白

紀錄：丁憲章

一、主席提議：

1. 車廠檢驗科即将移入C20號廠房辦公，半檢室可将該廠房内所存廢砲彈重行加以檢驗，如定心帶以上部份及定心部份砂眼

42-1

不大，漏水甚微，尚可應用者，可盡量利用，其底孔漏者可留作試砲及填砂彈用，餘可一概作廢，以便早日將廠房騰出。

決議：：半檢室照辦。

2. 日前奉　廠令飭將工人勤惰詳予紀錄，以作日後增資標準，務為力求詳實，希望分配課擬具表格將每個工人每月所作工時工作個別統計，按月彙報，以憑核轉。

決議：：分配課照辦。

3. 第四次工務會議決議案根據德國Refa工時表，計算工時一節，擬請工程師室將原表曬印多份以便分發各廠房試用案

000043

决議：于課長慶洽与工程師室洽辦。

4. 車署現正籌設工具机廠，令飭本廠代為計劃，奉

廠長批交工務處工程師室辦理，工務處已派于課長慶洽办，請

工程師室亦派定人員以便會同办理案

決議：于課長慶洽會同夏工程師办理。

5. 金州廠出品小號車床，本廠頗有需要，擬請于課長慶洽作初

步接洽，以便決定案

決議：照办。

二、彈夾所提：

75山野砲彈紫銅彈帶，因質料欠佳，內含夾灰，故發現車過之

彈帶百分之七十有砂眼，本廠目前材料困難，且亟須趕製出品，為節省物力及人力計，可否將砂眼較小者盡量利用案

決議：(1)將以上情形簽呈廠長呈署請示办理。

(2)請保管科催運本廠前所定購之銅帶料。

(3)此料可改向國外大批訂購。

三、引信所提：

擬請工程師室將本所刀具一一繪圖編號，以便利日後補配案

決議：工程師室辦。

四、製砲所提：

1.本所奉令增加工作時間，職工均感精力不支，應如何办理案

000044

決議：仍請勉勵各員工切實試辦後再議。

四、本所自增加工作間為〇·七五工后，以廠令指明為機械士，所有小工，職員有加工，其益薪是否須先請示案

決議：原則上當無問題，先行請示備案。

五、引信所提：

因運輸工人日有更換，故引信等件運到引信所時，數目常發生錯誤請設法補救案

決議：由工務處撥調小工四名予引信所指揮，負責專運此項引信等件。

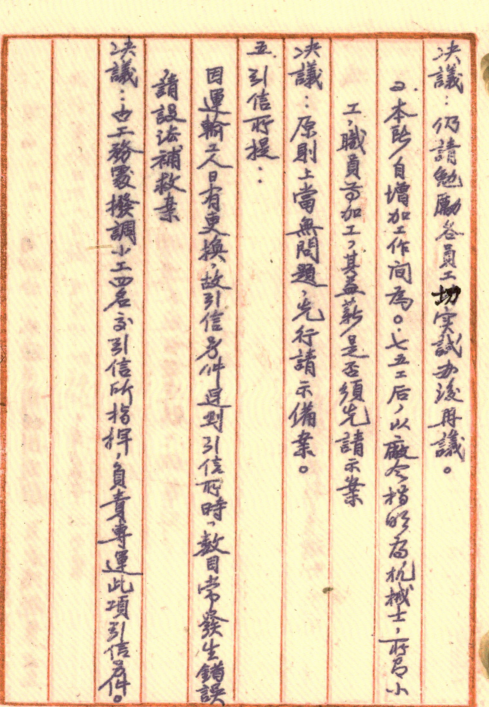

9

乙字第1359號

第八次工務會議紀録

日期及時間：七月十六日下午二時（礼拜三）

地点：工務處

出席人：工務處長李式白　總工程師汪源
工務處各所室主任　工務處各課課長

主席：李式白

紀録：丁憲章

1. 主席報告：

一、工人因須親向福利處交涉借米，時常在工作時間請假離廠，於工作上不無影響，日前曾請　廠長規定每月發米

P 0201

時間兩次，并已經福利處樓處長面允辦理，以資補救。

二、鑒於過去因霧大水大，本處住大興場職工不能渡江前來工作，以及日常因郭大交通不便工作上所受之損失，茲擬向廠長建議將本處彈夹、鑄工、火工三部份移至大興場，利用原有之防空洞及職工住宅作為廠房與宿舍，所有在該三部份工作之員工即在對河住宿，請有關部份詳加考慮，此項建議有無困難，以便進行。

2 主席提議：

一 為防止辦公時間有人在B14號睡覺起見，擬請稽查室在該山洞兩端洞口加裝木柵門条決議：商稽查室辦理。

3. 散會

军政部兵工署第五十工厂第九次工务会议记录（一九四一年七月二十三日）

25

1514

第九次工務會議紀錄

日期及時間：七月廿三日下午二時（礼拜三）

地点：工務處

出席人：工務處長李式白　總工程師汪源

工務處各所室主任　工務處各課々長

主席：李式白

紀錄：丁憲章

一、主席提：

1. 六公分迫彈引信圖樣業已繪就，所需材料由準備課籌備工具樣板，擬請工程師室設計，請引信所切實計标杌

25-1

器餘力，以利製造案。

決議：照辦

二、葉科長提：

火帽，靈敏度較差，據最近試驗結果，均有百分之十五不炸，應如何辦理案

決議：

1.此批火帽似已受潮，應加以烘乾再行試驗。

2.嗣後對於火帽保管，應行注意，須好請第十廠供給火帽時，裝入鐵皮盒，嚴密封固，以便保存。

3.從速完成檢驗火帽設備。

26

4. 嗣後第十廠供給火帽時，本廠應派員前往驗收。

三、散會

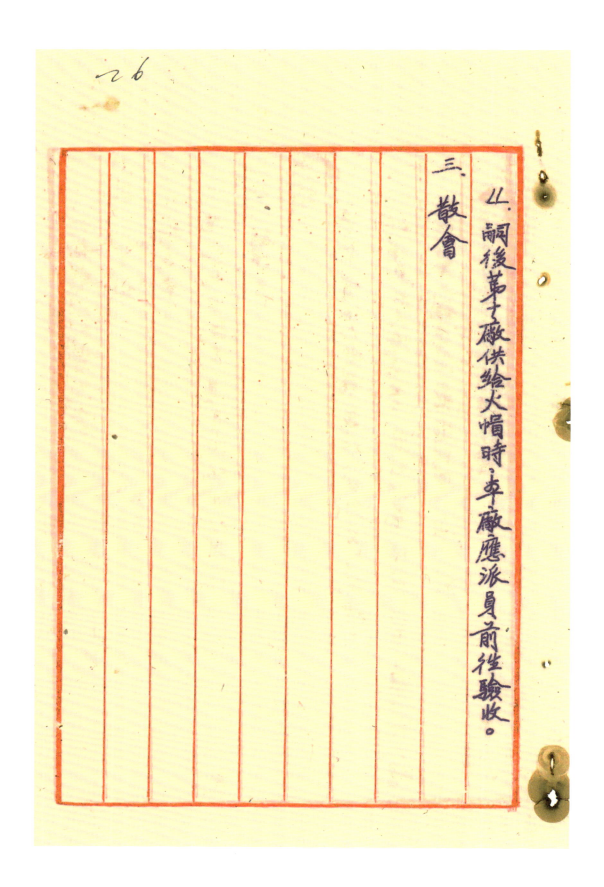

17

第十次工務會議紀錄

日期及時間：八月六日下午二時（礼拜三）

地点：工務處

出席人：工務處長李式白　總工程師汪源　楊書仇代

檢驗科長葉卓林　工務處各所室主任　各課々長

主席：李式白

紀録：丁憲章

一、主席報告

1. 第一廠將有工人四十餘名調來本廠工作，除鏜工、銑工外，其餘各種机工均全。

備齊

於之の

17-1

2. 火帽、雷管、傳爆管三項，除本廠應加速籌製外，已經
廠長交涉由第一廠代為大批製造。

3. 本廠籌製六公分廹砲彈，現奉　署長諭飭大量出産，如此
則下列五項，應請各部份從速辦理：

a. 請工程師室考慮圖樣有無更動。

b. 請工程師室從速設計工具樣板。

c. 因為本廠机器能力所限，此項砲架擬託由第十廠及第廿四廠代製，準備課須先晒印圖樣，並派員赴各該廠接洽代造數量。

d. 製砲所在不十分影響三七砲出品情形下，先估計机器能力，預算每月製造砲筒砲底最高産額。

6. 本廠前向美訂購之此項材料，請工程師室切實覆核，如有更改，應早日電美更正。

二、主席提：

1. 請各部份將本年5.6.7.三個月份工人缺工時間分別統計列表报處以便彙呈案

決議：照辦。

2. 美國底火吊底情形紀錄奉諭呈 署以便電美設法改善

決議：請葉科長卓林轉知于技術員宣力辦理。

3. 三七砲鍛件進行遲緩，應如何趕製案

決議：除一方面進行招商承包外，仍由鍛工所設法趕製。

4. 請工程師室擬定圖請設計圖樣單格式以便各部份應用。格式可採用西

18-1

聯或複寫兩份，工程師室將第一份留存，並在第二份上註明圖樣完成日期以利製造案

決議：工程師室照辦。

5. 稽查室商囑將工人中之機械士、機械兵、小工嚴格分別，以便造報工人花名冊應如何劃分案

決議：a. 由考技藝而錄取進廠之工人名為『機械士』。

b. 在廠房可以自動操縱機器或能担任某種技能工作之工人名為『機械兵』。

c. 除以上兩類工人外，其餘在廠房工作之工人名為『小工』。

d. 小工升機械兵最少須一年，機械兵升機械士最少須三年，但提升須經過考試手續。

19

三、散會

军政部兵工署第五十工厂第十一次工务会议记录（一九四一年八月二十日）

5-5-6.

乙字第1775號

第十一次工務會議紀錄

日期及時間：八月廿日午后二時（礼拜三）

地点：工務處

出席人：工務處長李式白　總工程師汪源

檢驗科長葉卓林（黃國士代）　工務處各所室主任　各課課長

主　席：李式白

紀　錄：丁憲章

一、主席提：

1. 本處住大興新村職工因此次被炸，房屋在短期內不能修復者約有廿餘人，擬將A10號廠房及第三食堂休息室騰出一

60-1

部份，撥給暫行借住案

決議：照辦。A10號廠房由製砲所負責清理，第三食堂休息室由大工所負責清理。

2. 小工進廠試用三月後向例重定工資一次，其標準應如何規定，以資劃一案

決議：工作最優者，增資最多不得超過四級。

二、製砲所提：

1. 成都藝技調來練習生到廠已久，應如何決定名義案

2. 由八月十六日起蓉藝技調來之練習生及助理事務員加工益薪應如何計算？津貼應如何發給案

61 ~~5~~6

决議：以上兩案，簽請
　　廠長核示。

三、散會

军政部兵工署第五十工厂第十二次工务会议记录（一九四一年九月三日）

第十二次工務會議紀録

日期及時間：九月三日下午二時（礼拜三）

地点：工務處

出席人：工務處長李式白　工程師楊書仇

檢驗科長葉卓林　工務處各所室主任

各課之長

主席：李式白

紀録：丁憲章

一、主席提：

1. 昨晚大雨，請迅速清除各廠房積水以便恢復工作案

決議：各部份照辦。

甲、不扣
乙、不給
丙、不增
八、八
於

3-1

乙、本廠自八月下半月起，計算益薪辦法，係按照　署方規定（百元以下三分之一）（百元以上四分之一）辦理，惟各部份提出下列疑問，應簽請

廠長核示案

甲、計算益薪，是否扣除禮拜天？

乙、因事或因病請假者，是否照給益薪？

丙、假如因工作需要，加工必須超出工半時，是否增計益薪，其增計辦法，如何規定？

決議：簽呈　廠長核示。

丙、第廿廠杭器廠朱主任來信，允于本年內代本廠製成六公分迫砲五百門，不論其屆期能否如數交貨，本廠應進行下列三項工作：

六、六、趕辦并速存、安加

4

甲、對外接洽手續，請劉課長志堃負責辦理。

乙、供給材料事宜，請鄭課長濟時負責辦理。

丙、畫樣供給，請工程師室辦理。

決議：分別照辦。

4、做砲車輪用之木工机器，請工程師室即着手繪製，以備不虞案

5、各部份工人出廠統計，請務由八月份起統計一總時間送處，以憑彙報案

決議：照辦。

二、檢驗科提：

廠房半成品已積滿，請催運輸科速行運輸案

三、彈夾所提：

廠房已堆滿銅殼，請運輸科速行運輸，以利工作案

4-1

四、铸工所提：

生铁供给中断，已搜集之各厂房废品，运输科不能按时运到，势将停炉，应如何补救案

决议：以上三案，一併签请厂长批饬运输科切实办理。

五、散会

6987

甲字第1257

中華民國三十年九月拾貳日收到

第十三次工務會議紀錄

日期及時間：九月十日下午二時

地點：工務處

出席：工務處長李式白　檢驗科長葉卓林

工務處各所室主任　工務處各課課長

缺席：工程師室

主席：李式白

紀錄：丁惠章

(一)主席提：

：：六公分迫擊砲，署長催索甚急，請有關部份從速趕製，

87-1

早日完成案。

決議：各部份照辦。

2、為工作便利計，工務會議可否改為每礼拜三之上午七時開會案？

決議：照辦，由第十四次會議開始實行。

(二)散會。

第十四次工務會議紀錄

日期及時間：九月十七日上午七時（禮三）

地點：工務處

出席人：工務處長李式白 工程師楊書伉

工務處各所室主任 工務處各課課長

缺席人：檢驗科長葉卓林

主席：李式白

紀錄：丁憲章

一、主席提：

人前奉廠令飭對於每一機械士兵之工作效能及勤惰妥為紀

5-1

録，月終彙呈，以作日後增資標準案。经由分配課擬具表式提交本會議通過試行在案。現在此項表格，已印就存保管科，請各部份從速領用，由九月一日起填報，以憑核轉案。

決議：各部份照辦

2、砲廠主要出品工作進度，向無紀録，請分配課擬定表式交由製砲所每週填報，以憑核轉案。

決議：分配課製砲所分别照辦

3、火工所地處本廠中心，距柴油抗房極近，鑒於過去日夜空襲，為防避危險波及其他廠房起見，曾籌劃將灌藥部份，移置船上工作，木船現已雇到，盼積極進行，以策安全案。

006

決議：

a、關於油漆抗車床等供電線路，請水電所趕辦。

b、関於木工修配部份，請木工所趕辦。

二、散會。

军政部兵工署第五十工厂第十五次工务会议记录（一九四一年九月二十四日）

050

第十五次工務會議紀錄

日期及時間：九月廿四日上午七時（礼拜三）

地　点：工務處

出　席：工務處長李式白　工程師楊書仇
檢驗科長葉卓林　工務處各所室主任
各課々長

主　席：李式白

紀　錄：丁憲章

一、主席報告：

1. 最近將有貴賓蒞廠參觀，除廁所、馬路由本處分別函請福利處及地產科修整外，請各部份注意廠房内

501

清潔問題。

2. 工人考績，各部份似未一致，請照命令辦理複核後迅速送處，以便彙轉。

二、主席提：

1. 傳爆管最近又運到一批，八九兩月份額造砲彈，尚有積欠，應從速趕製繳庫案

決議：火工所速領，遇有困難，應隨時設法解決。

2. 三七砲螺桿本廠恐趕製不及，署屬各廠亦多，無暇代製，擬請招商承包案

決議：除應積極籌備材料外，請料課長負責與廠商接洽。

三、散會

军政部兵工署第五十工厂工务材料联席会议记录（一九四一年十月一日）

000109

工務材料聯席會議紀錄（工務會議第十六次 材料會議第十二次）

時間：十月一日

地点：辦公廳會議室

出席：工務處長李式白 総工程師汪源

採購科長梁步雲 保管科長蕭鴻勳

檢驗科長葉卓林 運輸科長王有慶（馬保和代）

工作分配課長劉志望 工作準備課長鄭濟時

製砲所主任王國章 彈夹所主任職子英

引信所主任劉天威 水電所主任張君昭

鍛工所主任張式齡 鑄工所主任王家鼎

工具所主任施惟吾　木工所主任郝蓋臣

樣板所主任周祖彭　火工所主任陳贊文

主　席：廠長

紀　錄：丁憲章

一、廠長訓話

過去缺乏時間約集諸位談話，今天藉此聯席會議，述工務會議及材料會議組成之意義。

本人考察各部份工作情形，感到聯系尚有未週，為使各種困難都能得到共同會商解決，務求工作效能得以逐漸提高起見，特將對于製造發生密切關係之設計及材料購運各單位，視其性質分別

000110

組成工務會議及材料會議，并由工務處長負責招集，以利商討。

要增進工作效能并求迅赴事功計，除此而外，并希望做到：

a. 盡力爭取工作時間，不使有一分鐘之曠廢。

b. 遇事要多用口頭接洽，非不得已少用書面來往，以免費時誤事。

c. 要以工作為主，勿以手續為先，如能有助于工作之進行，手續可事後補辦。

材料方面所需風鋼、硬鋼、軟鋼及砲彈銅板等已分別呈 署或親託其他友廠分別設法。

工務方面希望砲彈增加產量，積極趕製37砲。

二、報告

1. 王主任國華報告

製造所需之基本條件1.機力2.材料3.人力，都未能適當解決，尤以人力因本廠之區遼闊，飲食起居之不便，來者均視為畏途，羅致困難，欲求出品增加，擬請將技術以外之切要問題，加以相當解決以利進行。

2. 王主任家鼎報告

除人力及技術以外之有關切要問題與製砲所同感需要擬請設法外，并請擴充廠房以便增加彈胚產量。

3. 李處長式白報告

各部份均感機械士兵不敷分配，特將本年三月起至九月止進廠及

000111

離廠工人作簡略統計：

工別	進廠數	離廠數
機工	68	68
鑄工、電工、木工、皮工等	44	30
小工、学工等	224	73
總計	336	171

根據上列統計，推測所以進廠少和離廠多的原因，不外：

a. 工廠集中渝市附近，機工出路寬，待遇稍不如意，即作他圖。

b. 本廠食住行問題無妥善解決辦法，不能安心工作。

三、廠長訓示

111-1

1. 敵區遼遠，擬備卡車接送員工，并計劃三個工作區：

a. 銅鑼峽區 b. 大興場區 c. B.16號附近區。

將來作息均可集中一地以資補救。

2. 擴充医院，請各位多多介紹医生并請從速購備必要藥物。

3. 主管人、技術員、助理技術員要按照時間加工，以維紀律。

四、散會

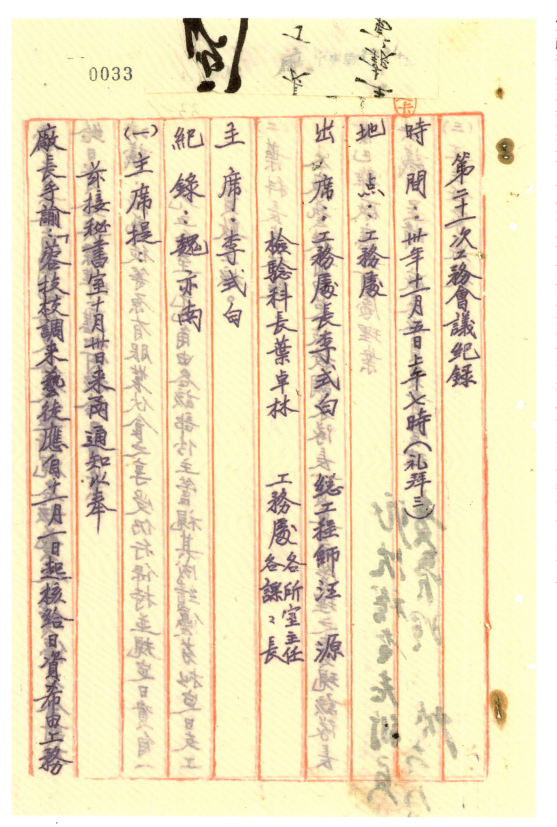

军政部兵工署第五十工厂第二十一次工务会议记录（一九四一年十一月五日）

0033

（三）

第二十一次工務會議紀錄

時間：卅年十一月五日上午七時（禮拜三）

地点：工務處

出席：工務處長李式白 總工程師汪源

檢驗科長葉卓林 工務處各所室主任 各課課長

主席：李式白

紀錄：魏亦南

（一）主席提：

前接秘書室十月卅日來函通知以奉

廠長手諭：「蓉技校調來藝徒應自十一月一日起核給日資，希由工務

33-1

處分集各有關部份及各製造所視各該藝徒成績優劣會討核給日資給與標準，應如何核給日資案

決議：該藝徒等原有服裝伙食之享受仍行保持，並規定日資自一元五角至二元九角，由各該部份主管視其成績優劣擬定日支工資數呈核。

（二）葉科長卓林提：

本廠藝徒前由蓉技校調來隊長一員專司管理之責，現該隊長業已離廠，應如何處理案

決議：呈請　廠長派員負責管理。

（三）王主任家鼎提：

記錄沈禮彥　技術員

黃貴明　於六、八

0034

閱十月廿八日秘書室通報以奉

廠長手諭：「自十一月一日起本廠小工除本身外准每人價發家屬平價米一人，惟以眷屬住廠區及廠區附近者為限」，是以本所小工紛請購米，但均為福利處拒絕，想係廠區附近範圍尚未明白規定之故，應如何補救，俾安生活案

決議：請示廠長賜予劃定廠區附近範圍。

以在廠大石場及郭家沱至大興口以內及廠區附近範圍 於十一、八

（四）鄭課長濟時提：

本廠自鑄黃銅作底火体試驗結果良好，將來可否自行製造，提請討論案

決議：1. 現有溶銅能力不足，必須另行擴充。

2. 在未完成擴充以前，先延長工作時間。

3.利用鍛工所壓机將銅屑壓成銅塊以資便捷。

(五)王主任國章提：

三七砲零件號碼應編在何處提請決定案

決議：請工程師室派員會同製砲所規定地位。

(六)主席提：

三七砲說明書照像應從速付印以備應用案

決議：說明書由王主任國章負責辦理照相由周主任祖彭負責辦理。

(七)主席提：

恭奉

廠長面諭本廠各部份所需要之机器材料工具希即分別估計列冊彙

0035

呈以便交美國軍事代表團代為訂購並即進行案

決議：1. 机器部分應以現有專門机器能力為標準補充普通机器工具，務以能供給全廠之需要並能担任修理工作為原則，其他各部分則酌量情形以必需者補充之。

2. 工具部分以購成品為原則。

3. 材料部分以正料及必要之鋼料為準。

4. 工具材料以能供二年之用為原則。

（八）主席提：

工務會議與材料會議諸多連帶關係，以後擬改為工務材料聯合會議，每月舉行三次（即每月十日廿日卅日）提請公決案

35-1

決議：通過，並自本月十一日起實行

（九）散會

军政部兵工署第五十工厂厂务会议记录（一九四二年十二月二十二日）

2

开会

厂务会议

时间 三十一年十二月二十二日上午八时

地点 办公厅会议室

出席人 何宗濂 唐宗度 马传和 刘龢文 凌惠民 萧鸿熙 张敬孙 陈楚新 郭孟之 邹庭选

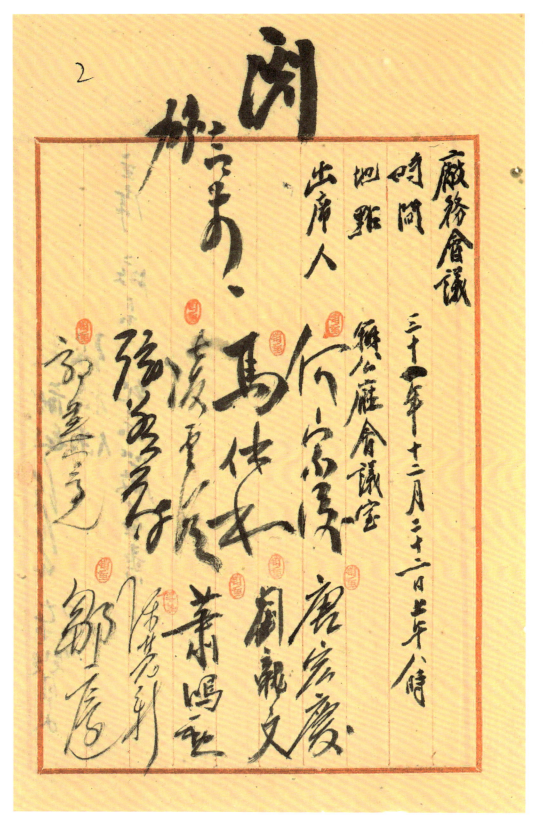

2-1

林獻紱 許丙 陳先生閣下

張福保

主席 嚴長 紀錄 嚴益壽

3

（一）主席指示事項：

1.凡一機關之成績良好與否，端賴內部各部份辦事上取得連繫、連繫周密，處理一切事務自較便捷，過去本廠公文辦理太慢，時有積壓，署方亦認為本廠公文之處理，較一般為遲滯，此點亟應予以糾正。本人前已訂定公文推進辦法，嗣奉各部份遵照實施，嗣後所有公文處理期限，務必遵照辦法中逐條規定辦理。秘書室承辦文稿人員，必須隨到隨辦，不得積壓，即遇公牘繁忙之時，公文之停留時間亦不得超過兩天。承辦收發文及負責催辦公文

人員、須隨時注意公文處理之期限、務使本廠處理公文之速度、不致落署[後]任何工廠之後、

2. 關於本廠經費方面：成都分廠經費、已逐漸增至一百五十萬元、本廠經費之多寡、須視生產之成績、本廠現在開支浩大、各部份領用材料及辦公用品、望能本節省物力之旨、力求減少、並希由保管科按照各部份辦公人數、將辦公用品予以統計限制、各項材料之領用、亦須減至最低限度、以省費用、否則將來如經費發生困難、則不獨影響廠方深鉅、即件工獎金等將亦連帶停發、

4

3. 本厰每月需用焦煤烟煤数量甚钜、惟以來源甚少、購買不易、以後領用煤焦者、部份應設法儘量節省、所有廚堂及老虎灶之爐灶大小是否適宜、如爐灶過大、則費煤必多、即應將爐灶修改、各部份現領數量、是否有所浪費、着由福利處派員詳予研究、

請予核查。

4. 查本厰積存鋼料車屑及生鐵車末頗多、應由保管料查明數量、所有鋼料車屑即由材料試驗處設法利用、所有生鐵車末即請署方設法交其他工廠利用、

5. 查每月購買木料款項、為佔購置費全數之大部

份，應竭力節減以省公帑。以後各部份請造木器，除確必需要者應予請造外，其餘應絕對減少，凡用俱損壞，應份量送修，不得新造。

6.關於材料之補充，除鉄板已領到外，鋼條應由保管科開單呈署，請予補充。火帽、傳爆管等，即由催第十廠造交。現在硫彈各項困難情形經也細說，明春應大量製造75硫彈，否則經費將不能維持。

7.實行件工各部份，應將出品製造完好，關於件工之計算尤須準確，總應使公家不致蒙受損失。

8.關於職工福利方面：本廠兩子弟學校，近來各方評論

5

進步頗多，本人深引為欣慰，嗣後望學校同人更能多加努力，成為一良好模範之子弟學校。合作社各項用品之分配，應力求均勻，現金部賬須逐日呈報，俾本人能明瞭合作社出納情形，現金如積有成數，即購辦物品，使現金得以流動周轉，不致擱置。聞成都所產半毛布價極廉，頗合員工備製服裝之用，可電通知分廠收購若干匹，以備分配發售。購辦蘇油、菜油，應切實注意質料，以免影響員工健康。職工住宅及宿舍，俟辦公廳、後山新宅完成後，應設法調整，並應將機械士、機械兵、小工等宿舍次第整理清楚。尤應注查清楚，以求居之所安。

9. 會計處處理公文，應按照規定時間辦理，所有轉帳審核等事務，應求能於當日辦理清楚。

10. 本廠出品，既已逐漸改良，嗣後應秉承上峰意旨，方大量生產。15公分迫砲彈完成繳庫後，其餘15公分迫擊砲二十五門，應速設法完成。

11. 工具所鑄火裝置事，應由旋主任負責辦理，完成後，鋼料[illegible]問題，當可解決。

12. 火工部應明瞭火藥之危險性，內部各部份工作須極單純，以減少其危險，稍有疏忽，即無法補救危險等。

6

險藥品、應逐日領用、不可多存於廠房、關於危險物品、需由運輸科隨時運送辦理、

13. 稽查組須轉飭各稽查所以後用膳時、各所職員、不得全部離開辦公所在、應輪流值班、遇有調查事項、對人態度須謹和、証章為機關長官所發、以後本廠員工遇有過犯時、除本人當場得繳驗其証章外、其餘官員均不得繳收任何員工之証章、在辦公時間、員工外出登記事宜、應由各稽查所切實照舊辦理、

14. 警衛隊士兵應加緊訓練、現在氣候寒冷、須時予以士兵運動機會、平時官長每一小時須查崗一次、多與士

與兵接觸、多舉行個別談話、注意士兵生活與疾病衛生、每週檢查內務一次、總之官兵須常保持接觸、以免有所逃亡、致廠方蒙受損失、士兵做工機會應求平均、使其所得工資亦等、現在設立勞働隊、所轄所有隊兵五千名、均由士兵充任、待遇日漸提高、以後並擬增設單位、設置一簡單病院、以防傳染、

15. 碾廠山洞前面一段、已改用洋灰砌、應從速竣工、早日完成、

16. 紫蓮司白帮办將於最近來廠視察、白帮辦在東北兵工廠服務甚久、此次來廠、吾人希能乘此機會、使其明瞭本廠一切工作情形、各部份應將現在使用之各種表

毋准借用金、阁打紧造引硝、六公分硝、及引信之工作程序、及图样工具样板等手续之多少，亦应有详细之说明、各部份须将内务整理清楚，自都办僚军人员，人应以署长将来厂也、全厂清洁除各厂房由各所自行负责外，其余各路道，仍照旧由庶务课地产科福利处分别担任、

（二）临时动议

1.本厂员工众多，每遇星期或例假日，当生疾病，即感无处治疗，拟请医院于星期或例假日指派医师值班，以利诊治案、（秘书室张秘书提）

7~1

（三）

主席決定：醫院在星期或例假日，原派有醫師值班，惟未懸掛值日牌，故患病者恒難明瞭誰為值日醫師，着由醫院懸掛值日牌，並着內地產科速予繪製醫院圖樣，建築新院址。

該會

十月廿二日

军政部兵工署第五十工厂厂务会议记录（一九四二年十二月二十九日）

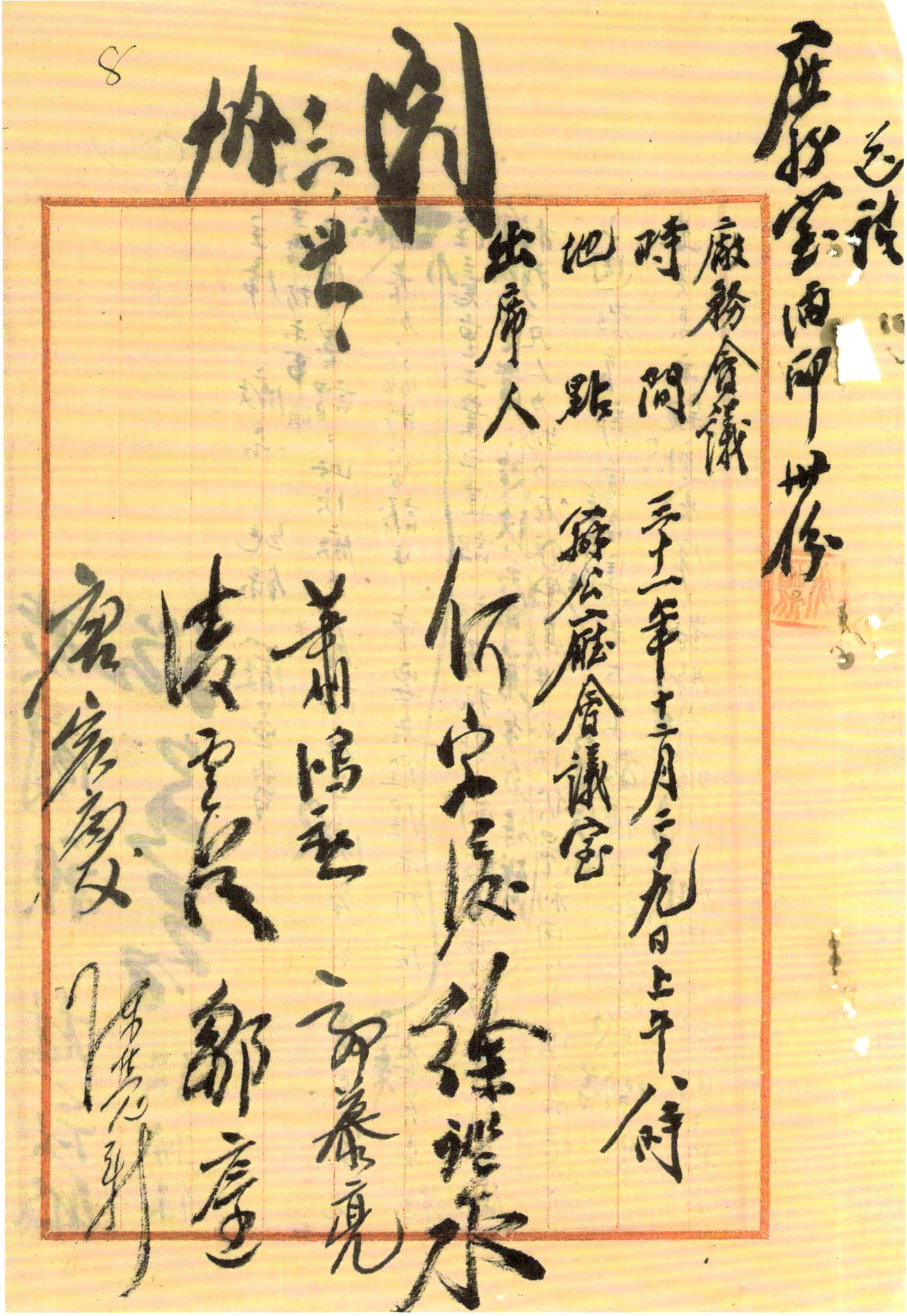

廠務會議

時間　三十一年十二月二十九日上午八時

地點　辦公廳會議室

出席人

8-1

黃國新　林蔚
張□□
張福保

主席　廠長　紀保　嚴廠長　畧……

（一）主席指示事項

主席畧謂：此次廠長會議在二十九廠舉行，署長曾親

臨參加，茲將會議中重要各點撮示於后：委員長極

注意重工業之建設，認為抗戰已到最後階段，勝利必屬

於我。凡人力物力在抗戰期中必須作量利用，而使其[illegible]，

上週教育部曾召集各大學教授、各研究院院長開會，

委員長亦親臨出席，對於人力物力之利用有詳明之指示，

吾人更應努力，以求無負 委員長期望之殷。資將最重要之品，即用於兵工方面，物力之利用，亦達於最

1、關於機器方面：現在尚未利用到最高程度，各廠現有機器，有擱置而無需用者，而他廠則又需用頗急，以致不能發揮其效力。因此署方擬即予以調整，署長限定各廠於兩星期內將機器清冊呈署，以便轉撥。如有未用者，須註明未利用原因，並將無法利用及應補充之機器另行造表送呈楊司長。本廠亦已需要此機，會在本年度之終了作機器之盤存。

2、關於材料方面：各廠所存數量，多少不一，尚有甲廠之材料置於無需用者，而乙廠則需要甚殷，殊有

9-1

背抗戰期中利用物力之旨，署方亦擬予調整，署長並限在一月底以前將所有材料造表呈署轉報，本廠亦遵此作年終材料之盤存，凡無法利用與廢料及應補充之材料另造一表，送呈楊司長、署長並於此次會議中談及物價統制，凡有物資者，均歡迎各廠應注意物價，總期不違背政府統制物價之旨二者及協力某集產量良豐，在舊曆年關前後，產量尤恐減少，本廠應先有所準備。照允

署諭謂緯局現在各地戰事擾觸情形，明春將有大會戰發生，各廠出品，應依量趕造，並提

10

前綫緊張，以備前方需要、

三十一年

關於經費方面，查明年度兵工署總個經費減少一萬萬、將

現在趕造成品，製造費自不能有所減低，惟有在建設費項減少數目

費項下減少。本廠明年度建設費減為二千四百萬元，嗣

後本廠凡屬不必要之建築，自應儘量免建，現在物價

復又上漲，領袖對於私人節約，亦甚注意，公家各

項費用，尤應限制開支，各部份請購與領用物品，應

儘量減少，並須將物質減低，希係材料及各部份

主管對於請購與領用物品之數量，與所需材料種類須加以審核，

是否適合需要，以免本廠經費發生困難

10-1

四、關於人力的經濟，以後本廠對於不必要之員工，應儘量減少，以工兵代替，希能減少四分之一。不需要之助理員額外人員等，尤應設法減少，以省經費，而符合政府戰時用人之方針。

五、自明年度起地產科應撤銷，其業所經營對外營造廠之營造事業，繼續存在本廠之，須移歸財政部直接統籌辦理。

六、過去本廠技術人員之技術獎金，事務人員亦同時支借，惟係變通辦理，現在事務人員生活補助費既有明令規定，自應遵照辦理，所有事務人員在十一月份以前經已支借技術獎金者，應造冊個別送呈

4

（三）

署長批准，十二月份已領者應予扣回，以符通案，
接江委員電話，謂明年一月二日英軍事代表團
及新聞記者，擬來廠參觀，所有本廠應辦招待及
一切情形，均與過去相同，希各部份先為準備，
敬會

十二、卅。

14

廠務會議 [illegible]

時間　三十二年三月十二日午后二時

地點　辦公廳會議室

出席人

潘[illegible]代

鄧彥達

馬代

郭慕孫

陳蔭材

徐禮衣

唐宗慶

柯[illegible]

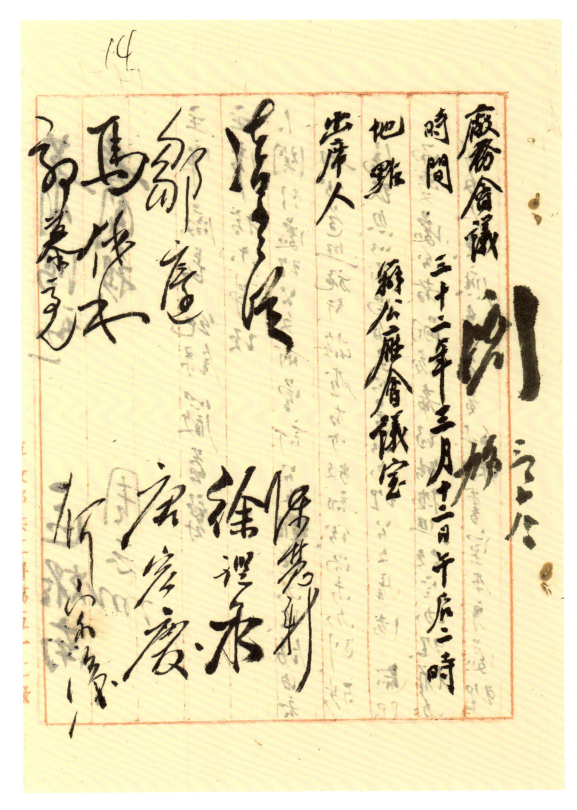

14-1

蕭鴻勳　江耀南
黃國楨　周志[illegible]
主席　廠長　紀錄　嚴蔭蔚
主席指示事項
1.關於處理公文前曾訂公文推進辦法，飭由各
部份遵照施行，茲查有少數部份尚未辦到，殊
屬玩忽，以前尚有主管員以辦理公文遲滯違限
而受處分者，嗣後希均能按照規定辦理，俾分
一
公文人員應多負責任，未必書室本身處理

15

公文、應當日或次晨办出，並須儘量利用電話以

免公文往返多費時間。工務處應注意手續，可由

工作準備課加理後再通知會計處或會驗部

給內部，總量應於不濟之時或須存案者用

之前，儘量減少，俾加緊工作動力。

2. 關於運輸方面，以前所購車輛尚有許多未辦

並署報請驗收手續，希即辦理，並設法以空

桶將二十三廠可換之酒精應即運回，使該廠內

外運輸不至停頓狀態。關於協力煤業運儀運

來廠重量幾或不足，嗣後每遇煤船由協力開

軍政部兵工署第五十工廠公文紙

15

行時，應由押運人員即時通知廠方，並由稽查組派員會同押運數次，以防弊端。

3. 關於經費方面：一、現在建設費減少，各友廠均以經費困難，所有本廠請各友廠代造之品均按月在本廠製造費項下扣除價款，本廠經費勢將漸感困難，嗣後應即設法開源節流，儘量增加生產，各項購置費應儘量減少，並以前會議中所云，會計處應每月造經費預算，吳泰將固定用費及應用物品購置費列入，使每月費用不致有若何超出。

16

4、碓廠機器工程，應即趕速辦理。其餘零星建築工程，及與工廠方營房無關之建築，以限於經費，應設法減少。

5、關於職工福利方面之菜蔬、油鹽，應設法購進。所需職工煙煤，品質太壞，應由北碚辦事處向廠重交涉，並在可能範圍內派員押運。如嵐炭價格公道，可設嵐炭協力所，訂煤炭每天各能交足十五噸，可繼續多訂。本廠木花由福利处平均分配職工利用，逐日出售，柴分出售，如無人力挑運者，可由職工福利处派工担送，合作社前

16-1

由成都運來貨物，被青木關檢查所扣留，價款頗大，以致影響合作社資金之周轉，希速前往交涉提回。兵器山住戶，良莠不齊，影響本廠治安，應通知於兩周內一律遷出，一方面由地產科辦理拆遷手續，並由秘書室備文呈署備案。鑼旗寺俟籌劃市場後，再行辦理。

6. 試礮後應縱人拾檢廢片，平民所拾者，由廠酌議定價收買，並由秘書室佈告。

7. 各稽查所稽查員，時有離所情事，工人無

17

符號者，亦任其出入，爾後希改正，職員簽到退時，應有稽查員在旁。

8、十六日下午部長及高級官員約十餘人來廠，各部份應照檢閱時之準備預為整理，廠房全廠清潔事宜仍照前例分區担任，並於明日作第一次大掃除，十六日下午再作第二次大掃除，稽查組與衛隊服裝應極整潔，其餘俟本人明日赴渝與署長商討後，於下星期一晨八時召集會議再行決定。

散會

二十九、五、六

軍政部兵工署第五十工廠公文紙

军政部兵工署第五十工厂厂务会议记录（一九四三年三月十五日）

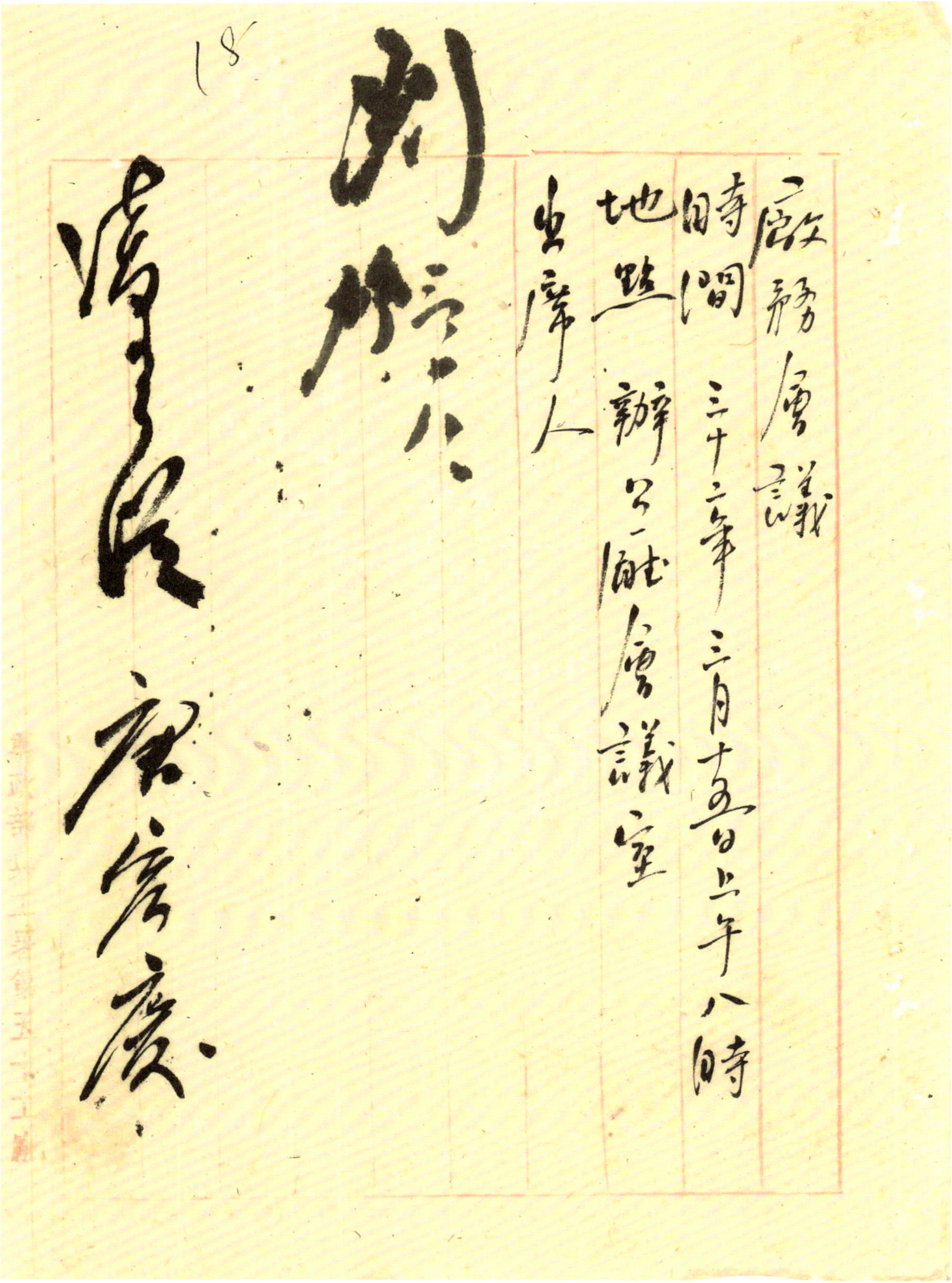

18

廠務會議

時間 三十二年三月十五日上午八時

地點 辦公廳會議室

出席人

18-1

何應欽　徐謨衣

馬佳和　吳大志代　華仲陽電

郭慕亮　區耀南

黃國楨

鄒子廣

陳克新

17

主席　廠長　紀錄　[illegible]廠簽對

主席指示事項

部長將於十七日下午來廠，在廠留宿兩晚，十九日晨始去，各部份應準備整理，各主管應將所屬部份親自先予檢視，軍械庫須將庫內外清潔予以整理，枯草予以除去，運輸科須將所有工具時檢清楚，務使有條不紊，福利處應注意大以爲七鑼旗方寺

六、清潔及溝渠之疏通，嗣後關於本廠清潔事宜，派由廠務室徐主任加經以專

19

責成新電廠應將內部積物整理清楚、以備存儲、招待所之水電應先行檢查、如有損壞即予修理、招待所所有木器或因年久損壞、希由木工所指派漆匠酌加油漆、屋頂稻草、如有不整齊之處、並由地產科修之。前窗、所有道路電桿上懸掛之木牌標語、應由福利處先予檢視、如有脫釘之處、應即加釘、農林場應將全廠所植樹秧、逐一察看、如發現枯損者、即予設法整理、十六日晨由廠務室徐主任率領四

20

元輪赴渝侍候，部長到廠，警衛隊亦不必派
隊歡迎，惟須酌加崗位，所有佈置，屆時須全
部集中候用，並準備卡車一輛、大興場閱來回元輪七
小車，亦應準備妥當，部長如往下游遊本
廠尚無須預備，鎮江應由運輸科先為準備，所
有佈置伕役及汽車司機之服裝，應極整潔，
關於膳食一節，每餐可準備兩桌，早點吃麵，
中午用四大菜四小菜，晚餐用四小菜六大
菜，並酌做蟠桃，以當饅頭，飯可另在渝
備用，以上各點，希由各經辦部份注意為要，

20-1

敬會

油印六十份分發

三十六

二十六

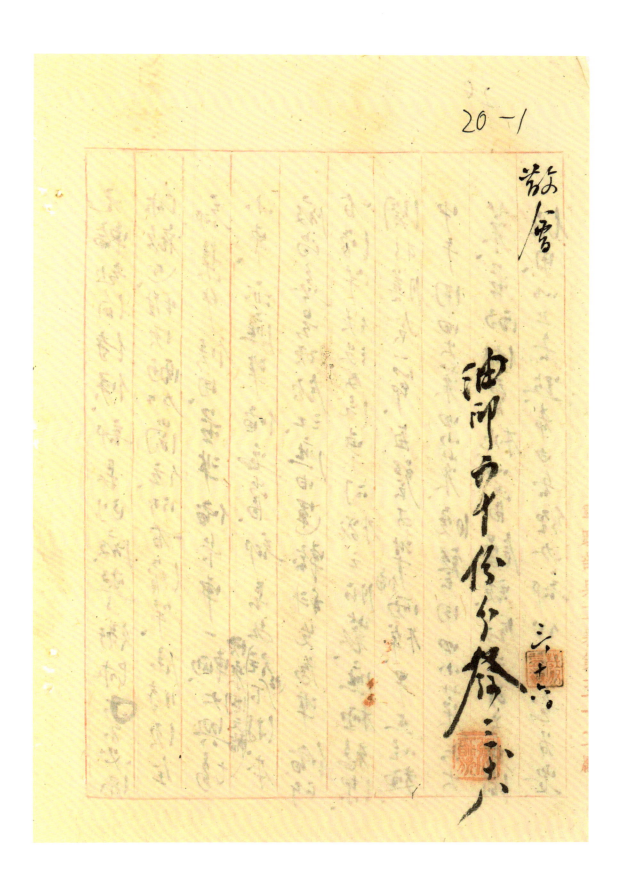

军政部兵工署第五十工厂厂务会议记录（一九四三年三月二十三日）

油印

廠務會議

時間　三十二年三月二十三日午後二時

地點　會議室

出席人　周志宏　張福保　鄒序庭　陳樂軒　鄭家亮　杜肇康　馬伯村　汪憲　區維南代　潘多農　葉鼎勳　何宗海　石宗度

主席指示事項

軍政部兵工署第五十工廠

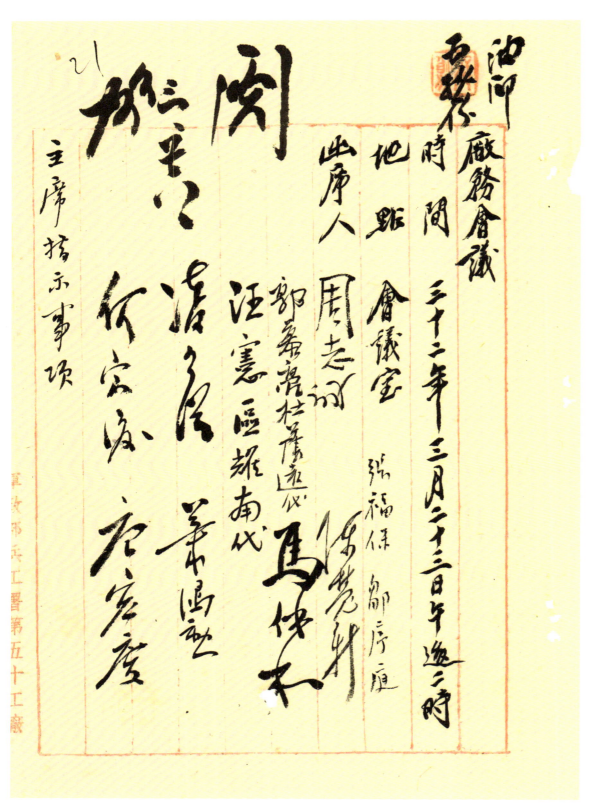

21-1

人去年本人曾謂七五砲彈技術問題如不解決，即將影響本廠製造費，此次在渝召開廠長會議中，即以各廠經費困難，因為目前需要討論之中心問題、會議中均以如何渡此難關為討論主題（目前急需解決）此問題，本廠本年經費雖略有增加，然物價較去年已超過一倍以上，本署及附屬機關之經費困難，自屬無可避免，以前建設費尚可移作別用，本年度建設費亦已減少，在本廠建設上，僅就銅鑼峽建築工程而言，已感不足，自不能再移作其他用途。本廠及

軍政部兵工署第五十工廠

22

成都分厂每月开支至少需七百万元，兵工署每月扣除材料等费又需五百万元以上，本厂制造费仅七百万元，每月尚少五百万元，始够维持，惟有从量努力生产，增加出品，以资弥补，如欲增加数量不顾质量，每月须造[illegible]不[illegible]甚百门[illegible]七五倍，须造[illegible]，否则本厂经费即将发生困难，兵工署[illegible]进外料均照原价发给各厂领用，所有运费均由署方设法贴补，为数亦钜，署方亦不愿加重厂方负担，总冀各厂经费能以维持，

22-1

嗣後尚希本廠同人切能照本人以前所示開源節流之旨，以維本廠經費。

二、主席宣讀以第四十屆在渝各廠廠長會議議程中製造司報告事項以第一、二、三項，並請軍政部令所屬各機關裁減員工四分之一，該項命令不日即可到廠，希各部份有所準備。軍務司以各廠編制複襍，缺額太多，擬予統一調整，而資劃一，決議先由各廠擬具調整方案，於下星期二前在署開會討論，希由各部份先擬編制，並由

24

秘書室於本星期五日下午一時以前集
中送到本人核閱，以便提請署方
討論。
又，本廠輪船修理及借用，第一二三廠實
呈輪事，希由運輸科[illegible]辦，
敬會

二月廿五日

军政部兵工署第五十工厂厂务会议记录（一九四三年十月十六日）

廠務會議

時間 三十二年十月十六日上午八時

地點 辦公廳會議室

出席人 郭驀亮 蕭鴻勳 徐祖承 鄭育時 周志洪 唐家震 何心□ 任宣 鄒彦達

25-1

王國華
沈莘耕
潘志民
陳林

邱士恩
馬偉年
施雄堯

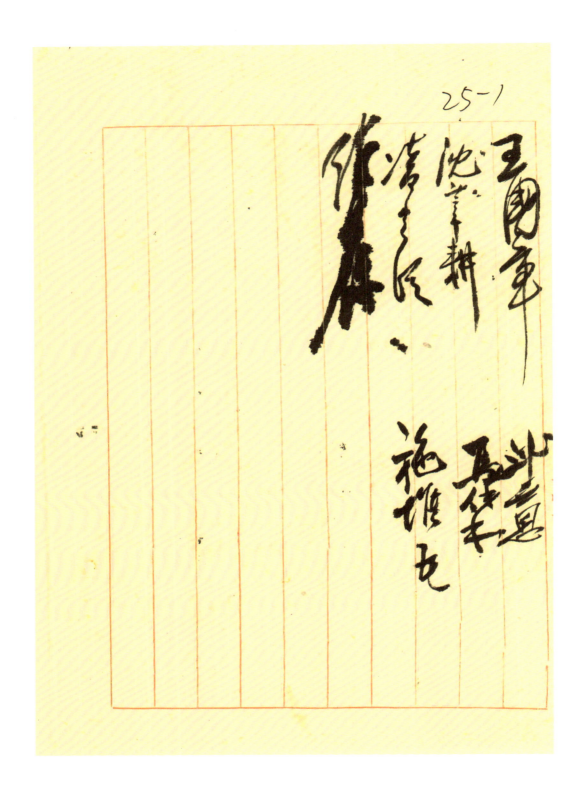

一、主席 廠長 紀錄 曾嚴爵

（一）主席提示事項

1.本人離廠已四個月，此間工作仍順利進行，實深欣慰。同人感到抗戰已到最後關頭，故本廠亦分外努力。此次代理人處處長指揮有方，何主任秘書相助得力，周處長在器材處接洽以及各部份主管負責處理公務，因而廠務得以照常推進，愉快之餘，並向各位深切表示謝意。

26-1

二、分厂成立已逾两年，过去本人以总厂事繁，不克分身兼顾，致总厂与分厂连络不甚密切，故双方情形均不甚明瞭。去年分厂所出成品甚少，只缴礮弹十余万颗，影响总厂经济。今春曾向署方提议请将分厂拨归第十厂，则材料之补充及半成品之调剂均较便利。惟未得同意。本人去岁以后始悉分厂过去工作情形不甚紧张，人事亦不健全，颇受外界之评论。该分厂成立於抗战期中

2

設於酸工之補充較為不易，管理方面不甚嚴密。二人情形囂張，藝信精神散漫亦差。故本人於離蓉以前曾將人事予以調整。關於各廠出品技術，過去以半成品太差，檢驗所出砲彈僅百分之廿幾可用，而各種材料價格極昂，頗深影響經費。好在經改革後，廢品已逐漸減少，成本自可減低。現在每月可出砲彈兩萬五千，年底還可望多造。引信問題一部份亦可解決，由廿一廠供給零件，嗣後

27-1

希望總廠各部份與分廠各部份切
取連絡應將雙方工作情形隨時得以
明瞭
為本廠秋季檢閱期間已屆各項整頓業已
準備齊全所有參觀程序均照去年
檢閱官到達時各主管須往迎接福和鄉
各方面各宿舍醫院等希予準備並注
意廠方環境衛生閱打掃清除工作均照
以前規定辦理各處如須修理之處應由
地產科迅予修理以壯觀瞻明日星期

全廠照常工作一日

(二)張秘書福保報告三軍委會總政工作

政戰團已於本月十五日出發不日即將來

廠請各部份將照所備檢閱表冊四份

造一份以備應用

主席決定明十六日下午三時以前交秘書

室彙齊

(三)主席垂詢各部份工作近況

由秘書室出納室運輸科福利社保管科

工務處相繼報告關於改善出發放

28-1

工資事宜予由會計處出納室會商洽予以改善，關於本廠職工食油、豬肉、菜蔬等由福利處分別予以設法

（四）照會

准吉

十、九、

军政部兵工署第五十工厂厂务会议记录（一九四三年十二月二日）

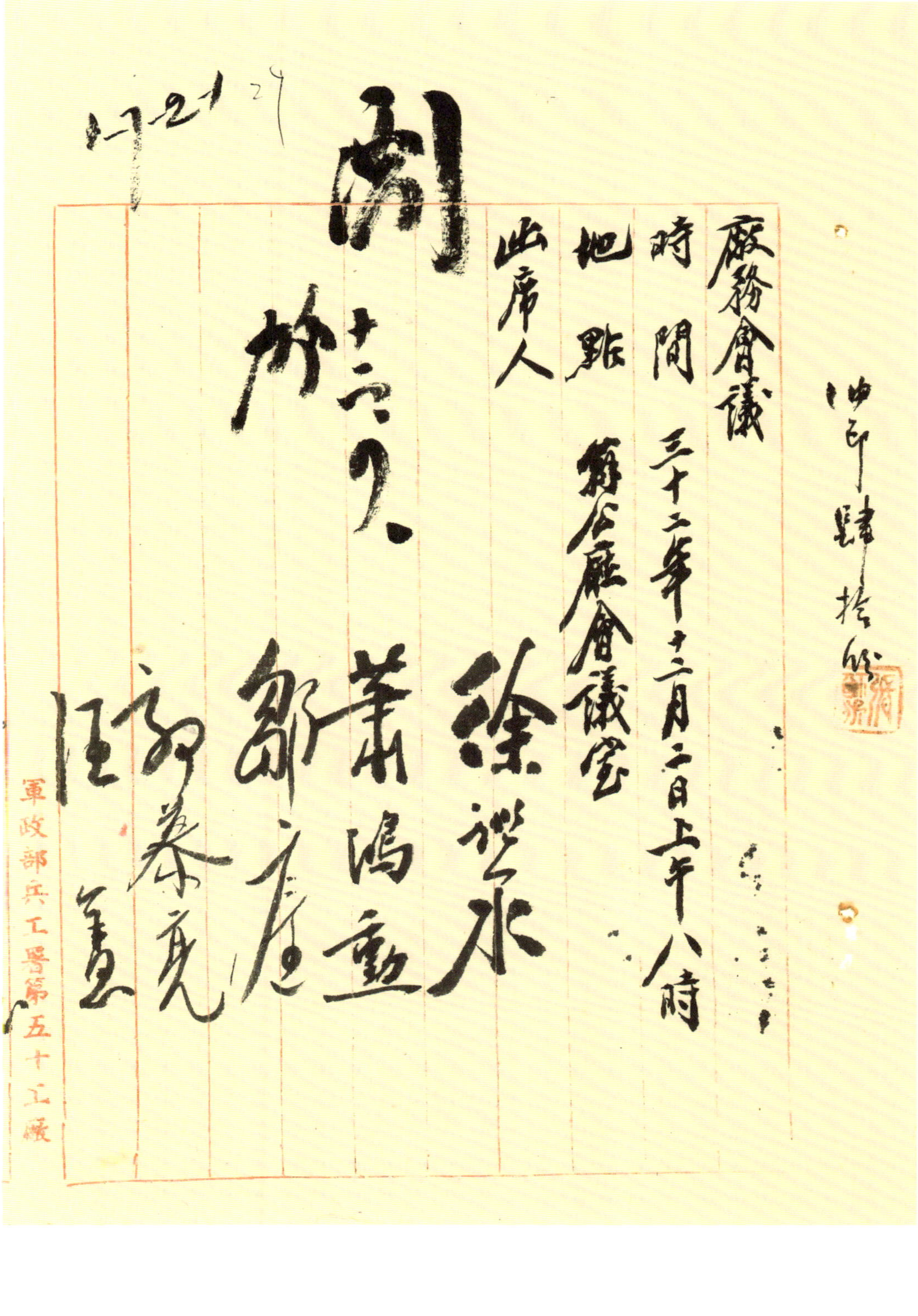
沙印肆拾號

廠務會議

時間 三十二年十二月二日上午八時

地點 辦公廳會議室

出席人 徐從水 葉鴻勳

軍政部兵工署第五十工廠

29-1

何家濂
陳懋軒
黃國楨
馬傳本
周志誠 項珫提出
潘尹良
郝鳴時
陳林

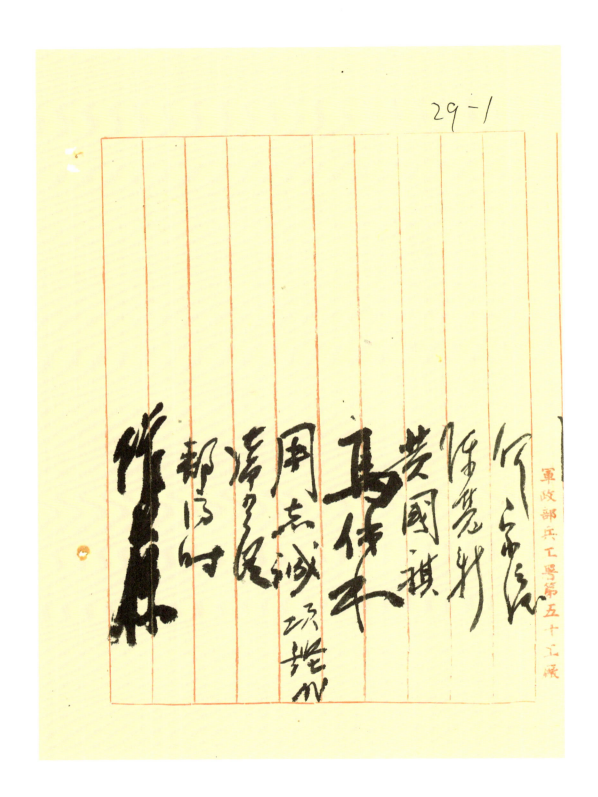

30

主席 廠長　紀錄 嚴益壽

(一)主席提示此次長壽廠長會議中要點如次

1.各廠編造大事記自成立至今所經大事及主官之更動廠址之遷移會計出納諸情形均須有詳盡之記載分抗戰前後兩段編纂前段於本月廿日以前後段於明年一月廿日以前分別送署轉各部　俾將抗戰前段擬就於九日上午十二時以前送秘書室彙齊

2.過去各單位時有銀錢損失情事為明瞭責任問題起見嗣後須詳細調查俾有處置方法

軍政部兵工署第五十工廠公文紙

30-1

3、各厂子弟小学教员署令规定须呈报备案而各厂多未切实办理自下学期起应切实施行希经办部份注意

4、关于子弟小学生之津贴案署方将召集会议研讨希出席人员届时将教员待遇问题同时提出予以讨论以期改善对于将来教员之补充当较容易

5、关于员工无保证人过去以无担保银钱责任离厂后多有滥欠即无法追缴现对工人方面署令已有规定职员方面亦将有明文饬遵嗣后希切实遵照办理

31

6、關於本廠在外運輸儲供物資問題希於一星期內擬具意見函知製造司

7、關於成品材料零件半成品之盤存署方規定每年應盤存一次日期為每年一月一日至五日再本部份賬員離職時交代手續須照署令規定辦理

8、各廠年度製造費各有盈餘應轉入建設基金

9、各項報表應按期送製造司在年終前由保管科向製造司核對俾資覈實

10、署方規定本年度飭造令飭造成品須在本年度完成現在本廠及分廠經費均極感困難嗣後各部

軍政部兵工署第五十工廠公文紙

37-1

份對於公用物品須從量以節約卅二年度因經費問題人員或將緊縮

11、密不紀錄

12、嗣後每次廠長會議報告中須將廠內出品及材料補充情形列入

13、自卅三年起掃蕩報改價為每月十八元報價均由訂報人自負廠方不再予以津貼

14、為謀職工如遇死亡後其家屬生活有所維係起見署方擬籌設職工互助救濟基金將來決定後將於職工兵伕薪餉內分別扣充

32

15. 各廠內各材料庫應領之材料，缺空須在兩個月內領取，逾期即撥歸材料儲藏處。

16. 下次廠長會議，各廠須個別做一工作報告，凡有關材料之補充、經費之困難、出品之障礙諸問題，均可列入。希各部份於九日十二時以前交秘書室整理。

(二) 主席指示事項

1. 嗣後各部份須將經辦業務輪流召集會議，俾工作得以連繫。

2. 本廠之應邀開各個人對於廠內情形多欠明瞭，嗣後於每次廠務會議之後即臨時決

32~1

至參觀廠區之一部份此次會議後決定參觀
鐵礦等區各項設施並於下午二時在此集中
（三）主席垂詢各部份工作近況後並指示工作要點
（四）散會

十一、六

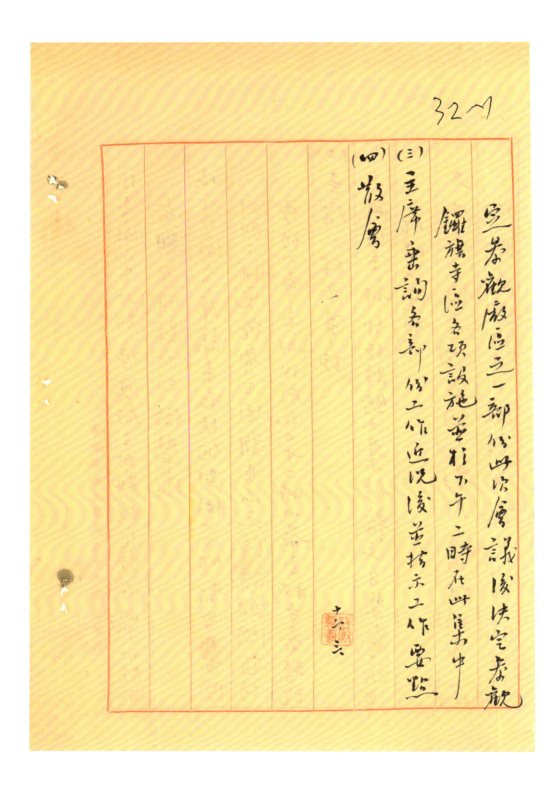

军政部兵工署第五十工厂厂务会议记录（一九四三年十二月二十九日）

印油四十份

廠務會議

時間　三十二年十二月二十九日上午八時

地點　辦公廳會議室

出席人　陳英新　潘如澍　何名炳　郭泰亮　汪[illegible]

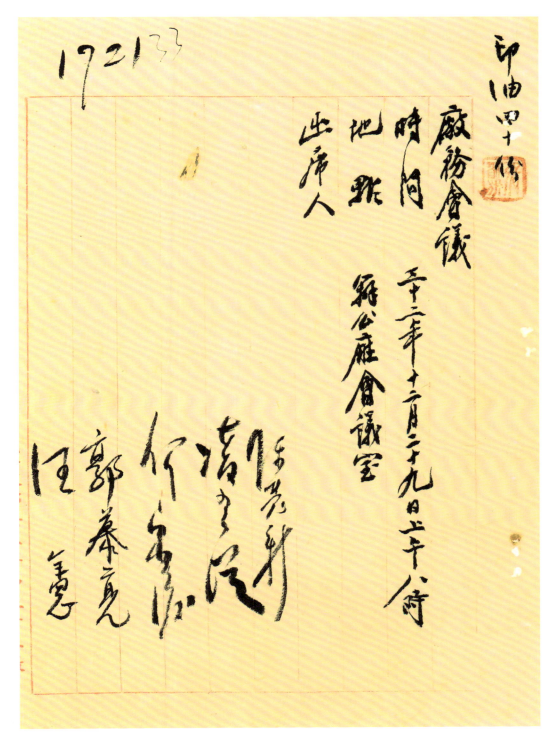

33—7

蕭鴻勳

馬偉年

鄭翰時

鄒彥達

石家慶

徐渭水

陳守琛

軍政部兵工署第五十工廠

二、主席廠長紀錄 收廠簽覆

（一）主席提示此次廠長會議決定事項

1.各廠每月向署所領材料應造清單送製造司核對

附錄：主席規定本廠自卅三年一月份起由保管科按月造送

2.各廠帳目應從速整理俾便查帳

附錄：主席規定本廠會計處帳目應從速整理清楚後呈請部方及審計部派員查帳此事將來列入廠方成績之一希注意

軍政部兵工署第五十工廠

34-1

3、自本年十一月份起，各厂工发生育补助费，职员壹千元，工友五百元（士兵伕役不在内）。

附录：主席规定本厂核发职工生育补助费（新厂比照附近）以居住厂区以内经调查属实者为限。

4、前规定公库支票须由会计处之其加盖官章后方可支用，兹以该项官章未奉颁发，仍用私章。

5、关于制造费拨入公库案，现已实行，如有困难，应将情形于最短期内通知会计科以便交涉。

6、各廠中心工作須於年內依照附表格式办竣
呈署（本廠已办）

7、署屬各機關年度成績報告須分下列各点
1、出品 2、署頒新工程 3、新兵器研究及舊兵器之
改造 4、會計及事務各案之結果 5、材料儲存
情形 並限於下月十日以前呈署

附錄：主席於定本廠各部份報告限於下月四日以
前交秘書室彙办

8、關於明年製造方面及員工所需用之花紗布
應須於年終前分別列表呈署

35-1

附録二：主席統定本廠明年度所需數量希分別列表於二日內呈署

9、各廠每月收領材料如煤、焦油、鐵、硫磺、木材及電料等數量價值及使用情形擬須與實領數量須於每月之底以前報署（表式由署方擬定）俾便呈請追加預算

10、各廠空運材料請運單須於每月十日以前送核料科，急需空運材料單並限於三日內送核料科

附録二：本廠三七砲料及六公分砲管料希再個別

呈署鑒

11、關於兵工同仁互助救濟費案，決由署方負調動支配基金之責，所有記明及審核手續，仍由各主管單位辦理，每月將數字報署備查。臨時機構臨時人員及士兵等暫不加入。

12、每月二日及十六日下午二時開材料諮詢會議，如遇假日即順延，由購委會主席，署核料科、各廠採購科及負責補充材料部份均須出席。

13、自明年起各單位如工作需人時，即將原有人員予以調動，工作予以調整，以不增加

36-1

人員為原則

14、凡請委或請升人員如委任在三個月以上薦任在五個月以上仍未奉批回者即由本廠秘書室函知署秘書室人事組以便催詢

（二）主席提討本廠各部份工作並決定次

1、本廠運輸工作繁多決由野衛隊臨時派員担任並須將運輸情形及數量逐日造表送呈廠長核閱所有運輸工具由運輸科設法供給

2、本廠內部簽呈太多往返費時為節省

37

人力物力並提高工作效能起見應於明年度起儘量利用表格減少簽呈由稽查組□負責本廠及署遞建會搜集表格式樣俾資參攷

3、福利處米票嗣後各廠員及福利處員均不蓋私章此為慎重計除由填票人蓋章外再由覆核人加蓋硬印在硬印未製竣以前仍由福利處長加蓋私章

4、員工眷屬食米由福利處按照次序如期分送如收受人□時以煩勞拒絕收受即不予補

軍政部兵工署第五十工廠

37-1

簽發秘書室佈告周知

5、所發職工眷屬煙煤品質欠佳不易燃燒應轉購較好煙煤參半發給

6、福利處應設法儲存一個月之週轉食米

職工眷屬所用之柴炭應設法籌儲二萬斤，向保管科設法覓地存儲，總務科負工所用食油亦應大量採購，加強飯館與蔬菜事室，豬肉一項可設法催用屠戶自行售賣，澡堂應速即籌辦

7、三七砲及六公分迫擊砲驗收事室應即

速办

8. 现值冬防时期元旦假日及阴历年假期内厂方防务应由稽查组及警卫队特别注意

9. 为研究固有道德起见自明年一月份起各部份小组会议应以四维八德作为讨论题材之一月份即以「忠」字为讨论中心

(三)临时动议事项

1. 本年度年终职员考绩署令定于一月十五日以前呈送，拟请各部份提前办理

38-1

以便呈署審核（秘書室張秘書擬）

決議：照办

（四）散會

閱於十二、廿九

十二　卅一

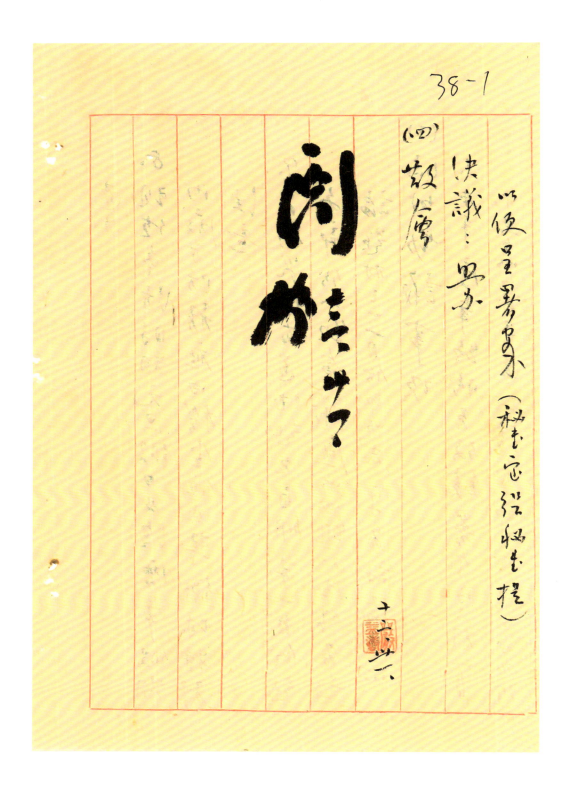

军政部兵工署第五十工厂一九四四年第一次厂务会议记录（一九四四年一月十日）

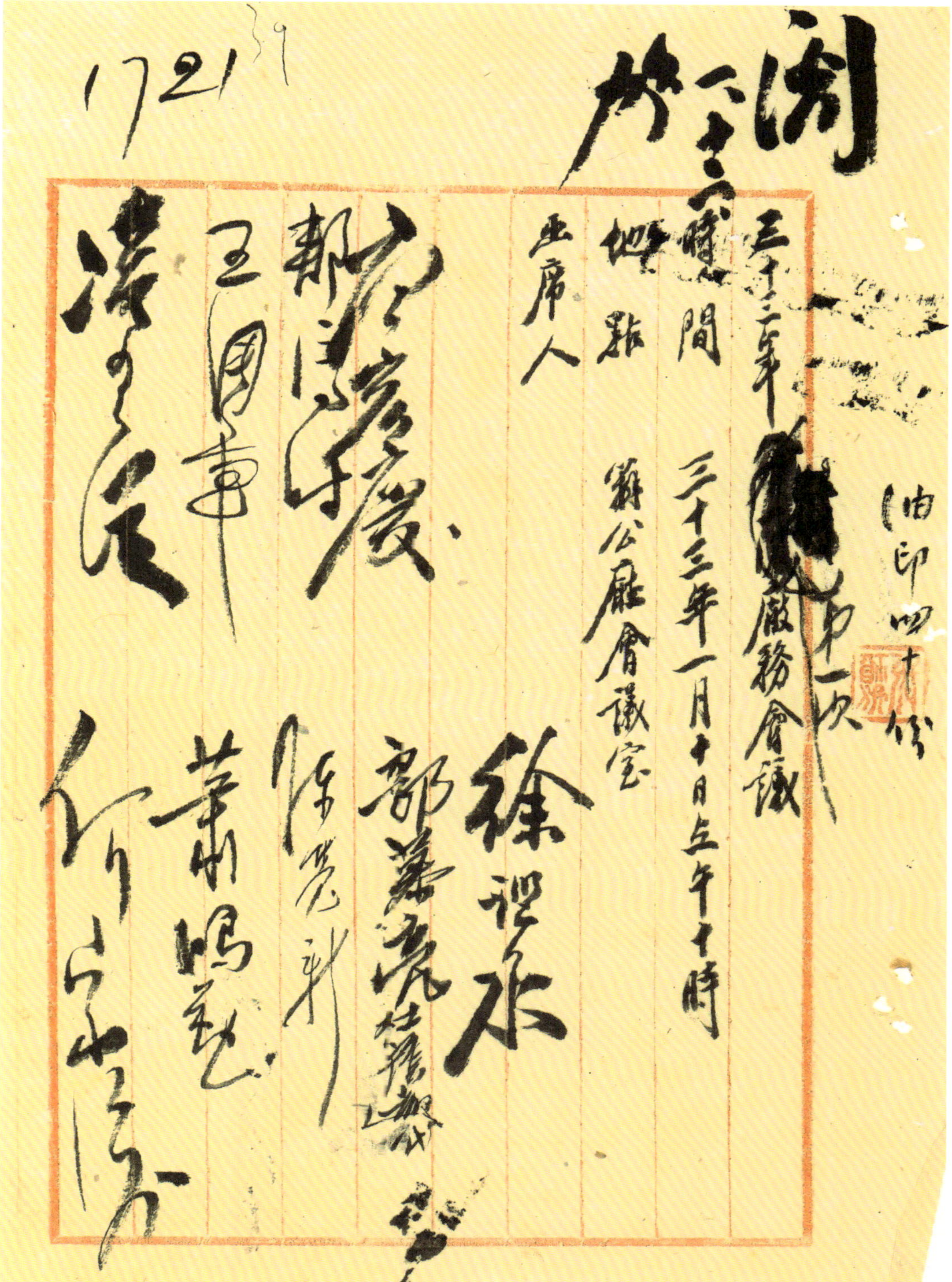

關於

三十三年度第一次廠務會議

時間 三十三年一月十日上午十時

地點 辦公廳會議室

出席人 徐禮水 [illegible] [illegible] 葉[illegible] [illegible]

[illegible] 王同章 [illegible]

39-1

王介夫　鄒彥達

馬偉和　周宗炳　[illegible]

黃國禎　三廠海仙　張森

主席　廠長　紀錄　四廠盈壽

(一)主席提示事項

1.本月十三日有滅旗僑民代表團來廠參

觀茲規定各項如左

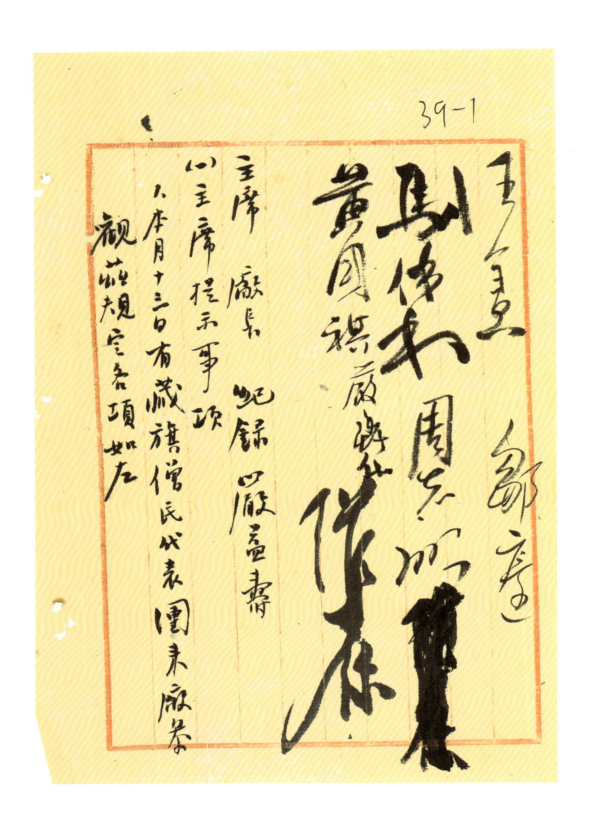

40

A.警衛隊全体官兵届時在中碼頭集合歡迎官兵服裝須整齊一律官長須一律帶領章手套

B.各部份主管届時到中碼頭迎接有技術服裝者須着技術服裝無技術服裝者即一律着黑中山裝並卸除大衣

C.表演各種輕重武器名次

1.歐輕重機槍實彈射擊

2.六五步槍及中正式步槍實彈射擊

3.三七防禦砲輕重迫擊砲及擲榴彈槍榴

軍政部兵工署第五十工廠

40-1

彈之表演

上項表演已請技術司派員來廠試射惟恐人數不足着由警衛隊挑選精於射擊之官佐數員以資準備

D、下午在廣陽壩試射輕重迫擊砲各次

1、六公分迫擊砲六門每次試射二門每門試射砲彈三發距離爲三四五百米達

2、十五公分迫擊砲六門以第一門射七百五十公尺以第二門射八百五十公尺餘四門同時射擊目標

3、八二迫擊砲五门以二门試射六百米達

41

以三門試射七百米，達每門試射砲彈三發

E、國元輪於十二日進城領電次日晨六時返廠（B8、B5–B9–B12–B13）

九時到達立即參觀 A1–A2–A5–A9

射擊場—發電廠—十一時半午餐

下午一時參觀山洞廠房，二時乘國元輪渡江至大興場，由運輸科準備卡車二輛送往廣陽壩，並由水電所裝設由大興場至廣陽壩間之電話。代表團由大興場返渝時，由警衛隊派隊往大興場江

軍政部兵工署第五十工廠

41~1

遵辦送

1. 射擊場須於十二日佈置完畢並由警衛隊派兵守衛

2. 關於本廠中心工作報告內之機器單價所填太低希由工務處與保管科再予會擬

3. 歷次表演消耗砲彈須專案報銷以免廠方常受損失

4. 本廠子弟小學及中學下學期行將開始關於教員待遇問題應密切注意聘任教員時並須以嚴格加以限制拔取真才以謀增

42

進職工子弟之學業

5. 署令每月督造之督造成品數目須按月達到否則次月即予減少督造數量或不發督造之薪本廠各部份注意俾免影響經費

6. 關於空防事宜上次廠務會議中曾提示由檢查組警衛隊予以注意消防用之水桶籌設建水池由地產科設計擬具計劃呈核

7. 外來參觀人員如本市汽車司機本

42-1

廠方予招待（運輸科提請 主席決定）

8、國元輪將來在修理期間可向霍建公司借用汽輪一艘（運輸科提請 主席決定）

（二）主席垂詢各部份工作近況

（三）散會

元、十六

軍政部兵工署第五十工廠

军政部兵工署第五十工厂一九四四年第二次厂务会议记录（一九四四年五月二日）

43

17321

卅三工作五四

第二次厂务会议（三十三年）

时间 三十三年五月二日上午八时

地点 本厂办公厅会议室

出席人

周竹 炳三、三

徐渭水

黄国祺、

王夏

马伟年

军政部兵工署第五十工厂公文纸

43-1

请[illegible]
郭慕尧兄
密电发
[illegible]

邮府时
何应钦
陈光新
刘伯姆
东光策文
邹序达
项维
萧鸿勋

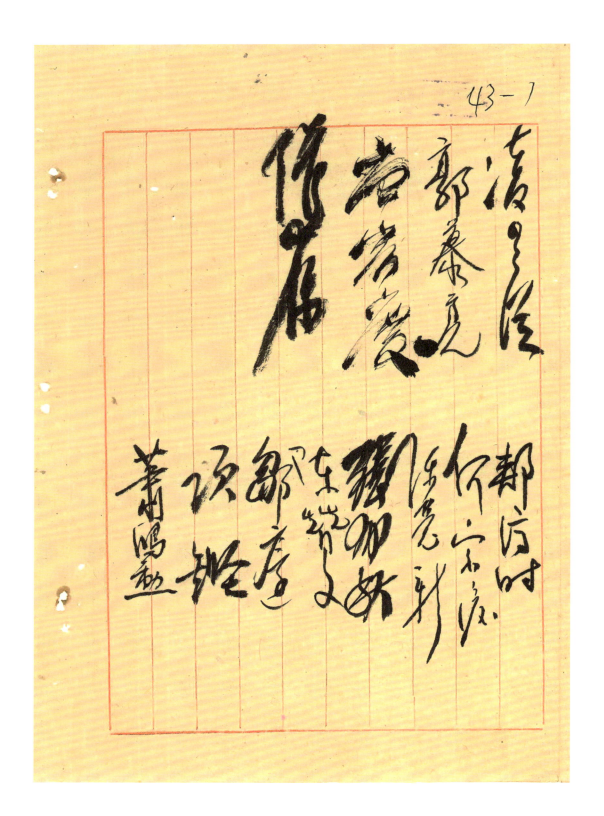

主席　二廠長　紀錄　四廠益壽

(一)主席提示此次廠長會議討論事項如次：

1、各廠墾田利用案：查本廠之空地甚多，應儘量設法利用，不得任其荒蕪。現在生活程度日高，須多種蔬菜，供給全廠員工及眷屬。

2、各廠結帳查帳案：截至卅一年帳務須於本年六月底結清，寄部；卅二年帳務須於本年十二月底結清。

3、卅二年度各項加造、代造、修造、仿造各件

44-1

應即撥署所有價款並照於本年六月底以前領清

4、卅二年底以前應領材料限於本年六月底以前領清，嗣後每月所發材料須於當月領清，逾期即不發給，以後填寫請領材料單須逐欄詳細填載

5、嗣後成品預繳單須從速報署

6、此項資遣員工所有遣散費須從速報署（米代金不列入）

7、本廠警衛隊官兵副食費現已增加

45

每員每月支為一百九十元或發給實物布由
福利處代為給辦將來如能得現款可充作
本廠警衛隊士兵福利基金
8、花紗布管制局把本廠花紗布匹前該
局曾要求以物易物（即以硫酸燒碱等原料
換取布匹）署方以本廠原料無多來源
難易已函該局分保）仍請其照價配售
9、現在任職人員無論軍文或技術人員均由原
部方改填軍階及係技術人員略予證明
支薪階級

45-1

10、煤價增加地方自治費稅案已由署方函請四川省政府予以豁免

11、關於雜職人員米代金（奉署[illegible]辦）計算

②扣四製造司定於五月五日下午二時召集會議商討著由福利處派員出席

12、關於翻砂工作事宜署方為謀改善起見將召集會議研討

13、修正新進人員保證書保證人除擔保被保證人不洩露機密外並須保證服

46

錢責任（本廠已函覆同意）

二、主席要詢各部份工作近況並指示如左：

1、秘書室總理公文務須按照以前規定時間辦理調閱案卷檔案室須能迅速檢出

2、廠務室公役務須注意訓練各部份及辦公廳之清潔衛生尤宜注意以後設置痰盂應即編號全廠傢俱財產亦應辦理登記

3、保管科應注意各項材料之補充成品之調繳本廠所用15米厘鋼絲已告罄

46-1

希由工务处保管科会同设法补充十五公分要塞炮弹三百发应即施工并补发制造令

六、国元轮修理事希由运输科向招商局刘厂长安为接洽关于厂内运输应尽量利用板车

七、现在生活程度日高福利处对于员工实物之供应如蔬菜一项即应设法大量供给俾轻员工负担日用品亦应设法多所存储子弟学校学生程度应求

47

水準測驗因材分級教員均不得循情免誤學生學業如有以學生家長干涉學校行政事宜者即勒其本人處理

6.本廠職工按月均有積欠者由工務處設法彌補

7.礦廠山洞及道路工程（生住宅等工程）者由地產科督促早日完工

8.本廠職員記章在新記章未製發以前暫仍使用原有記章職員出入均

47-1

須佩帶以資識別希由稽查

組警衛隊注意

六防空檢閱即希由警衛隊準備

(三)主席電示兵工署渝造(33)丁四六〇一號訓令

為防關於危險品之製造運輸儲存等項

應特別注意檢查辦法令仰切實遵辦

由並分防火工所保管科運輸科切實

遵辦

(四)為提高本廠工作效力起見擬即增設職員

侍工獎金希由各部代主管分別擬具

辦法呈核

48

五、本廠工人自五月份起加給工資，職員自五月份起加給年資津貼

六、各部份應擬定每周中心工作報告呈核

七、各部份小組會議應按期舉行

八、散會

五、三一

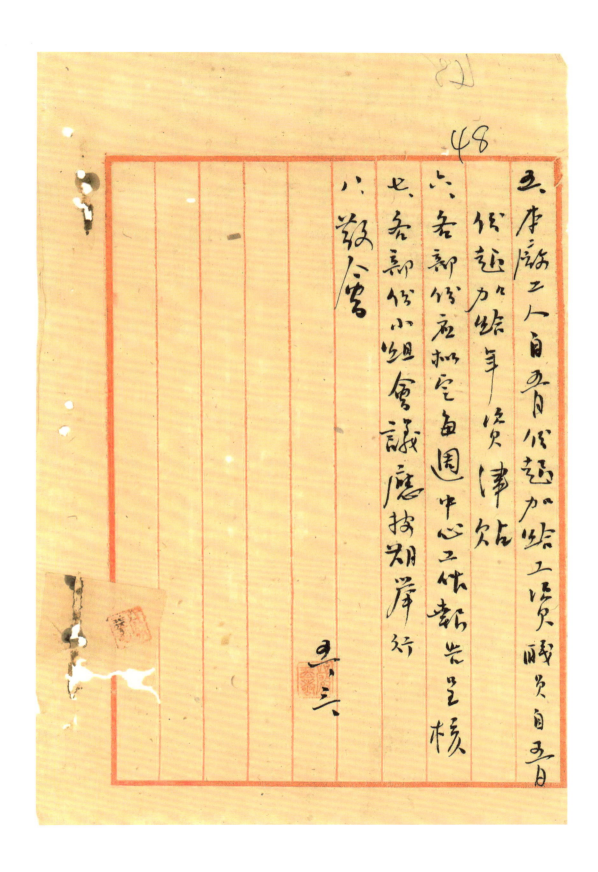

军政部兵工署第五十工厂一九四五年第二次厂务会议记录（一九四五年三月六日）

三十四年第二次厰務會議紀錄

時間：三月六日上午八時

地點：辦公廳會議室

出席人：鄭彦廷 項鋰 何家浚 樓紹新
凌雲程 郭泰亮 張福保 戴國荃
徐鑑泉 陳慧仁 鄭濟時 蔡君成
馬保和 蕭鴻勳

主席：厰長　紀錄：李淨霞

(一)開會如儀

(二)為兵械庫張故庫長鄒秋靜默一分鐘致哀

三、七、上午

36-1

（三）報告事項

主席報告本年九屆各廠之會議報告及討論要點

一、員工互助救濟辦法、經署嘗之通錄行核准已

修條例茲定第四五節備案後核准施行

二、各廠每月工人人數日次、勤怠表之按期造送

三、員工兵役人數之冊、勤表之按期造送

四、請都防空檢視團出發檢視之本月廿二日來本廠

檢視範圍、

八、消防

六、防毒

7. 防降落傘部隊

8. 本廠之工事設施

9. 儲藏

主席指示：有關工作積極籌備

五、當年度會計方面中心工作

1. 結束前帳 應在三月底以前結束並呈請查核

2. 本廠固定財產盤查登記 固定財產及機器修保房屋之設備自製品之在內

主席指示：本廠之特別注意由會計處即時擬定辦法有關部份協同辦理務須確實做到

37-1

（財產之估價標準由行營各處署方正擬定中）

六、成品單價問題　署方對成品單價計算標準既擬確定計核各廠將成本分析表送署以便查核

鄙見以為確定成品單價兩原則

1、單價以地區分別而定

2、因增產所需建設費計算於增產成品單價內

七、將有大批廢舊軍械在後方各廠修正宜成一廠修理步兵兵器　五十一廠修理砲兵兵器

八、俟美國訂購機器做器樣板材限三月十五日

38

以前送署季刊不予辦理

九、因增產而增加之建設費各廠所報不同，以本廠[illegible]為最多（因本廠需要大量機器及房屋），署將酌量核減，重行指署

十、中印空運、昆渝陸運情形

六、煤炭供應情形

各廠申請煤炭以由署轉生產局核日期檢[illegible]前於每月十五日前填送下月所需數量表

三簽送行轉向

主席指示：煤炭管理科注意

38-1

十二、代柴油問題，因桐油價高，各煉油廠因成本困難

主席指示：本廠需多訂購，以免停業不濟

十三、部方增加工作效率，即有辦法規定、俟實

於直接技文辦法、

十四、遷建會已買向傍爐

主席指示：本廠應即多飭生產鐵

十五、部長指示本年度施政主要事項

1、充實反攻

2、調整機構

3、改善官兵生活

列

A.文武一律待遇

B.營業不能扣其總額

C.技階低不按職務

D.給養眷實物

E.安置剩餘員兵

各廠提案

一、頒布官佐暨前補兵辦法之部署務有出丁

第五十廠提案

建議：本廠以部方針發給辦法，擬請部增加補給工人及五年以上給予全部津貼之辦法

39—1

六、本厂提出各项困难

1. 由西厂钢皮供应较远及数量过少，

主席指示：此点已得桥厂不同意，估量设法本人允特本厂

现存之筑煤钢轨借拨二十四厂之用，俟本厂需

要时再行归还

2. 还建会供应之十五公分弹尾轴困难

3. 钢条供给困难

二三两项郑日前已允设法现有一批钢条之到临

本厂之需应付

此次在本厂表演各种新旧兵器 罗君庵排布

40

需於各有關部門之妥為籌備

（四）本廠檢討事項

一、各部門工作之爭取時間增高效率

先由秘書室辦文着手各部份之陸續辦理

二、送工務處簽辦文件之呈處者不必再

轉各發送所以省往復可用電話接談

三、本廠所於增產廠內廠外之運輸之妥為

籌劃

四、運輸科小工待遇之提高

五、利用木船及購置木船作為周轉用以免耽誤

40—1

成品部份

六、棧房成品應加速辦理

七、菜蔬應大量增產並籌備些菜以備夏季之用

八、布匹毛巾襪子等已由花作局續配一批應即着手分發裁工

九、羅漢寺戰犯宿舍速下水溝由福利處及木工所洽辦

十、頂鍵樣：現羅漢寺單身宿舍住有戰犯其第五六兩營内生火、火災堪虞　再審核

特多影響電燈、且稻田亦要蓄水

主席指示：福和廠稽查處須注意辦理

十七、增建大池浴室，職工可分別洗浴，由地處

總務處辦理　限期

十八、新建工人房屋二幢，一棟作職員住宅

十九、本廠應即建造足球場并籃球場，以供全廠職用

廿、本停電者，機油以免損廢

廿一、廠內工友如在本診所自診病，必需設起[illegible]

院外本廠診所兼辦，以便稽查，請方

[illegible]辦設行

91-1

十六、二年度各學徒手藝證 訂二月廿日以前

請給予利和茶莊律

函教會

军政部兵工署第五十工厂一九四五年第三次厂务会议记录（一九四五年四月五日）

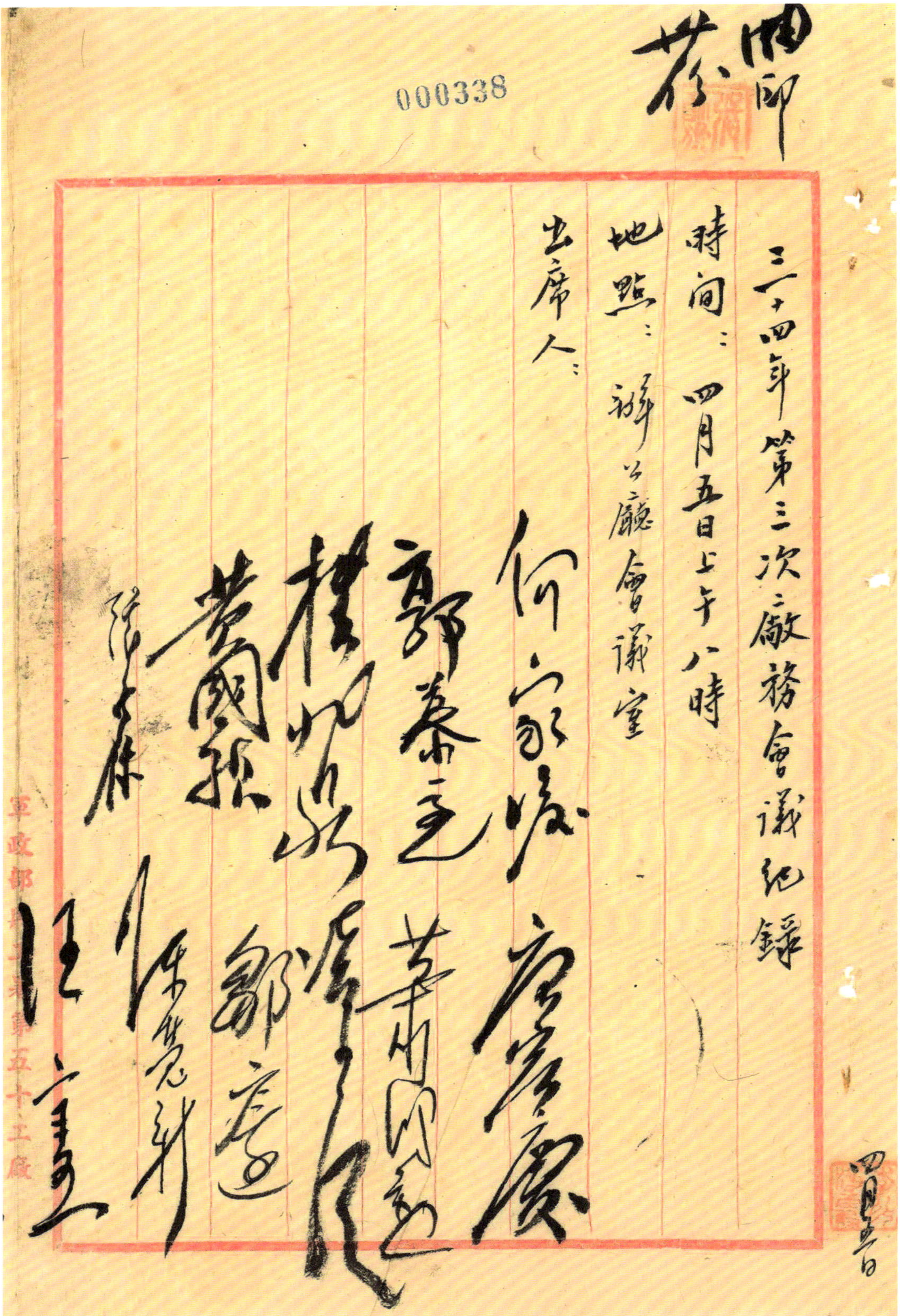
000338

三十四年第三次廠務會議紀錄

時間：四月五日上午八時

地點：辦公廳會議室

出席人：

[illegible]

軍政部兵工署第五十工廠

四月五日

338-1

主席：廠長　　紀錄：李淨霞

(一)開會如儀

(二)報告事項

主席報告參加廠各股股長會議報告及討論要點

一、規定各種統計表按期造送　如工人動態表等

馬伟来　郝濟时　徐[illegible]

軍政部…第五十工廠

主席指示：上項各種統計及煤炭需用數量表消耗表等本廠務必切實按期造送不得遲延

二、各廠工作自我檢討報告應每二月呈送一次（如係初在檢會報時提出參辦理本次係截至二月底止之各項自我檢討）

主席指示：本廠各部份應即加緊檢討報告並限本月十日下午五時以前送秘書室，檢討要點：（一）各工作情形及有無困難；（二）本身缺點及不能達到預定計劃之有何困難並如何克服

三、各廠材料登記應從速辦理

331-1

四、各廠每月耗煤數量之預期報告二份（連同生產

向之報三份）

五、各廠職員同人員之行報告

六、直接接交辦法之切實實施以資迅速

主席指示、本廠即日遵照辦理、其廠內部營業答案之須

改革、則之答擬意見及辦法、統由主辦者行加

一答案、由時概由電話諮商、

七、業務部派員調查各廠會計業務

（所有調查之各本廠經信之意見、之送署一份）

侍從室調查意見之經送署一份）

000340

八、三月份運輸情形

九、子夫鋼皮署存款多本廠利用向總

十、本廠職合舍事處已擇定 此次由卅一廠办理

建築之房屋等

十一、员工之房租津贴每月由一百元增為二百元

十二、四月份食米及代金仍照三月份發給

十三、本廠廢鐵屑造成毛鐵送交運建會及廿四廠（係籌辦會同）

主席指示：A、本廠送交運建會 B、由本廠擬計劃令

別廠將各種鋼鐵及其他五金細屑 C、由廿八廠派員來

廠察勘可存鐵屑是否為該廠所需要 D、由廿八

軍政部兵工署第五十工廠

340-1

廠房改由廣鐵擬送五鐵之擬繪圖樣以資照由保

營科主辦

五、二廠存有煤油四百加侖及其他器材本廠順[illegible]接

洽借用。

（三）本廠檢討事項

關於每檢廠務會議對本部佈置事先備辦工作

報告及檢討事項

甲、秘書室

一、工作頗忙因辭職及調職人員均未補充擬請增加抄稿

及保密各一員

軍政部兵工署第五十工廠

000341

主席指示：秘書室應轉知技術已悉此例第一樓衛生

事務並為各部份工作人員自行整理，務須整齊

務必清潔者，應予遵照。此后每半年或一年抽查一次。

六、本廠不安裝之電話通令請總務處電話

主席指示：應通知各廠處事務用特殊電話者須全體

暫利用此電

乙、出納室

一、會用保管之小洞設置金櫃

主席指示：工程師室現在設本廠山洞之圓樓後庫房內

遷完以備出納室之用

庶務室

一、指定本廠三樓為職員住宿，大安樓房應請總務處遷移。二、職員及公役伙食應設伙食。三、廁所應整理

軍政部兵工署第五十工廠

丙　送總務處辦

一、物品運輸情形

主席指示：A、成品之陸續送交，以免運輸船隻不敷運用。B、驗收物品器材應設法加速辦理（由保管科會同工務處運輸科、材料科詳細研討速擬辦法）。C、本廠對公營車輛搭乘人員過多，車輛因受損，由運輸科擬議收費辦法以減少搭乘。

二、圖說繕寫即修理

主席指示：由本工所派員詳細檢查再行決定。

丁　福利處

000342

一、會增列席一批
二、會議須主持形式改善並報告案件主持
三、農場經務已按會計程序辦理
四、福利處賬交會計組正確討辦法
主席指示：福利處事業發展故會計係統亟應健全以免將來賬目不清（國銳）張（簽）
戊、會計處
一、舊有固定資產清查估價入賬（有關部門保管
材料工務處，地產科總務室）
主席指示：由會計處召集會議商討進行

軍政部兵工署第五十工廠

342-1

六、增產建設費核定一二七〇〇萬元，署令分列詳細

列表呈核。

主席指示：由會計處、工務處、地產科會討此事注意

本條費造成後之撥款辦法確實實施。

三、卅三年度經費預算應即送署，不得拖延。

己、保管科

一、報告各種材料困難情形

主席指示：彈底鐵板應設法自行製造，并將本廠

所用之汽車計算圖，交渝鋼廠應用，俾該廠

能依本廠需要鐵板製造，以免不濟。

000343

二、成品出品量多而缴库迟步保管困难

主席指示：应速设法缴库

三、炸药送请理化研究所及本厂检验科检验

四、弹库房以久失修而漏，损坏请地产科修理

五、木箱和用土钉，以减少浮钉消耗

庚、工务处

一、损失尚少核列

主席指示：应加紧制造，提早完成

二、厂内设缺需新，以资讨论为整顿，亦须免引浪费

工友工作

343-1

辛、地產科

一、運料困難，請增加板車

二、材料儲置之能配合工程需要

主席指示：儲料方面由保管科負擔儲料接洽

壬、檢驗科

一、本科需樣板及小型機械，請工務處借給

二、成品驗收及半成品作成品檢驗抽驗性質地點

主席指示：由製造部作詳情答復

三、材料檢驗，已有材料分批檢驗，而仍須候檢驗

癸、營業課

軍政部兵工署第五十工廠

000344

一、擦槍油及擦槍布請保管科從速

二、票用室兩漏請派工修理

(四) 其他

一、部長定本月召集（請俞、徐等部長）同來本二廠參觀本部所

主持之次要為準備

二、星期日照常工作，員工不得任意請假，照案例

照上次規定，星期一補休一天。

三、生產局專家一兩人於星期四來本廠，本廠應

將前要點速予照應，當擬具用書面呈報，以期

得所協助

軍政部兵工署第五十工廠

344-1

函敎會

閱

[illegible]

存

軍政部兵工署第五十工廠

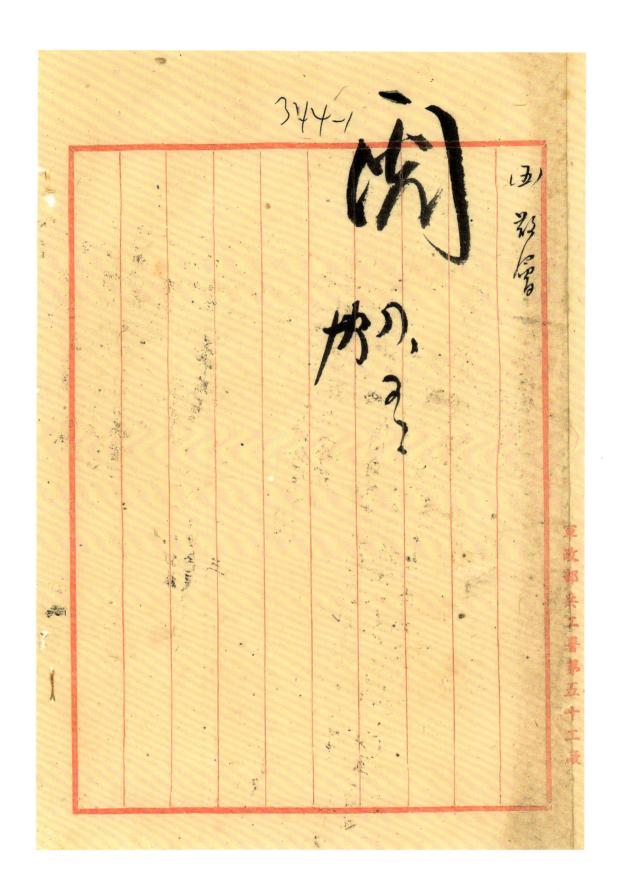

军政部兵工署第五十工厂成都分厂第七次厂务会议记录（一九四三年十月十一日）

呈

閱 劉 於十二/十

科字第3040號

5

第七次廠務會議

職 鍾興義謹呈 十.九

時間 十月十八日上午八時

地點 廠務科

出席人數 鍾林 鍾興義 李慕白 郭慕泉 傑化均 沈其柏 洪世彪 葛藍山 龔文彬 黃維賢

主席 鍾興義

紀錄 魏甫泉

行禮如儀

甲、廠長訓話

乙、報告事項

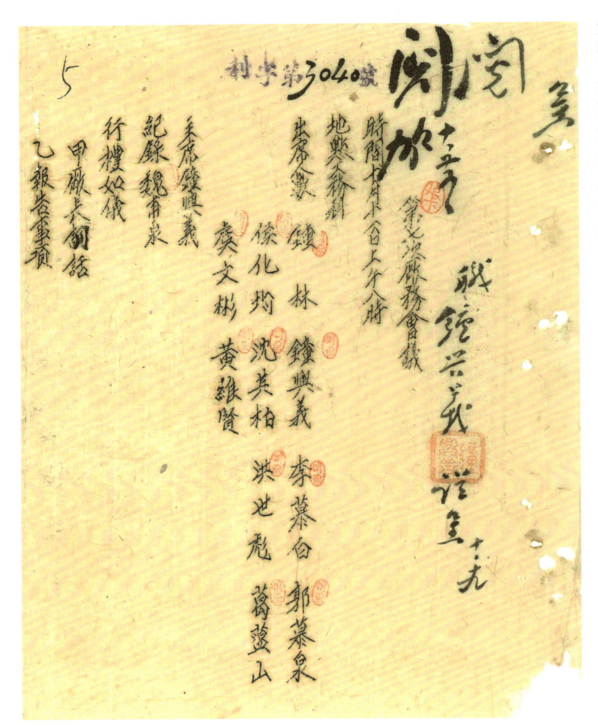

乙、主席報告

今日應當向各位報告一個好消息，就是本廠本會經過十一萬磅彈炸，業已於上禮拜六（八日）完成驗收此項廠房，及鐘兼科長林之督導及各同仁之努力，自今伊始，今廠當望光明進展，但因經濟困難在此時期內仍為緊張，望各同仁加倍克苦努力工作。

單本廠續發郵科長參十三萬分之一分鐘未致斷燃，更為深感。

關於物料之購置，經李科長渠南覆訪，僅以大數大致而購從大業之物料，深為感佩。

運輸事項亦由沈科長及洪支隊之毅力來數倍滯，亦皆感帶。

其餘各事項均含有甚大光明前途，當為樂觀，故今將表示之。

丙、討論事項

6

乙、鍾蕭科長林提議

平價布前已領到一百餘疋，尚欠之款當付款，如擬請在福利統制局予以交涉案

議決：本廠曾向該局交涉，但該局弟稱須向財政部請示後再行辦理，本案當由總務科備函接洽

丙、郭科長提議

本廠空地甚多，閑人種菜，擬請警衛隊先行剷草案

議決：按照向例，仍由警衛隊飭派士兵剷除，以利種菜

丁、郭科長提議

職工眷屬米當請賠一百双市石案

議決：待款到後再行呈核辦理

戊、散會

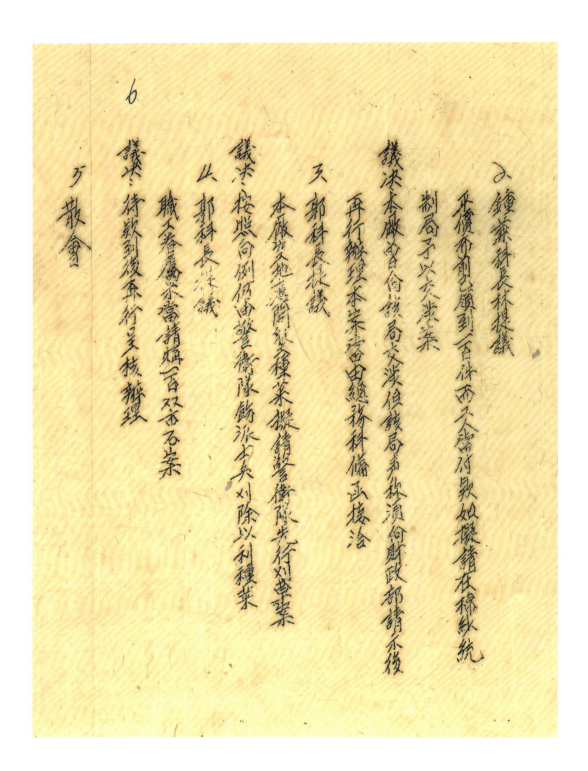

閱

成都分廠

第八次廠務會議

地點　工務科

時間　十月十八日上午八時

出席人數　鍾林　鍾興義　俞守身　李藻白　郭蔚泉

沈其柏　洪世彪　侯化均　鄭馥山（侯化均代）

盧文彬　黃維賢

主席　代兼主任鍾林

紀錄　魏甫泉

行禮如儀

甲　報告事項

一　主席報告

現在開第八次廠務會議，在此禮拜中為本廠最大之變動，將期
因為廠長以公務繁冗之際，紛擾未落頭緒，致以重大精神推
動本廠，諸多順利，所以令飭趕造之六〇迫擊砲彈於完成後即行返總廠，
但本廠長離本廠後，責任即加於我們身上，故應秉承廠長意旨努
力做去。
廠長奉命發表兼本廠代事者林以方，有未遑週詳不獲允許者，向後尽
量協助，並且本人所負之職
之務，本人因廠長以林尚屬熟悉，乃命負總之全責，至於行政事務則由
鍾主任秘書推動。
製造情形六〇砲彈明日（十二）可檢驗一批，節約33批。
各製造所人員更加努力推動，第一所由張技術員負責推動，代理第二所由
彭技術員長經代理，第三所由何技術員兼代理，工具室由
入工作準備股

材料問題因戰爭後煤源斷絕郭會長想盡辦法本月份買入大宗春[illegible]木油

煤炭木柴救當務解決

俞科長守身奉廠實爲本廠之一大幫助至爲歡迎并代表同仁

等感慶

顧廠長於蘇營時曾經提說黄科長經驗過去辦事勤慎故提升

一級辦事員事實上以後廠務會議須請黄事員列席

以上爲全資之一大概情形莫餘請各位核議

顧科長與全義報告

又敝廠總務前曾談到辦公所工作應行注意各點因以前

分廠以報告出來務實論文談總敝辦於分廠立進行情形

均不甚明瞭故以敝廠特别告訴以後分廠情況務須盡

量使總廠知道故今後各單位每月寄呈敝廠核閱

又工作報告極爲重要，關於文書方面亦爲嚴重，曾經
規定凡電文以廿四小時內答復，代電四十八小時，公文以三日
內答復，非有特殊者外，至多不得超過五日，希望各部
份主管對於公文函電特別注意，俾先辦理，如分辦之文
件發出上項規定時間，本科即用催辦方式，尚希原諒。
又、本廠已接准軍政部派第一組考核團，業已出發，不久即可到
廠，希望各部份提前準備，並對受考核之各種冊表事先決定代
兼主任核閱
候大隊長報告
此次警衛隊士兵軍服總廠業已領到，惟尚未到發，以後請事先辦
理手續，以免臨渴掘井。
又、伙食團業已成立，只有人數較多，伙食團亦堪担負，而亦能組織

5

乙、討論事項

六、鍾科長興義提議

小伙食團洽希望福利科善為辦理

本廠員工須服廠長訓示各條妨害其循查本廠為軍需機關
尤須恪守命令一律穿著短服以資劃一乃廠長去後未久而穿長
服者又漸增多足見未遵廠長意旨殊屬不合此係精神方面最
大弱點之表現既不足以壯觀瞻復不能整飭儀表今後如仍不能
遵照穿著短服者應如何辦理請付討論案

議決：請代廠長任不係論關於軍需署部份無論任何員工穿長服者不
准入廠事內附禁在總辦公廳之職員由各部主官轉飭所屬遵著
短服以整表儀規定著用制服不得借故違穿長衣者致亂紀律并
由總務科辦通告遵照

9

7、總大隊長提議工人必須佩帶證章以便識別案

議決：由總務科通知工友證章必須佩帶在襟上顯明處

8、鍾科長林提議嚴禁小孩進入第二門揭示案

議決：照辦

9、鍾科長林提議小孩不准在廠內馬路上玩耍職員在辦公時間內不准在馬路閒遊案

議決：先行傳知如不聽從者報由洪主任嚴厲干涉勸戒

10、鍾科長林提議警衛隊須嚴厲執行凡無放行條證者一律不准攜出物品案

議決：照辦

11、鍾科長林提議煤屑及刨花應派專人每日分發各員工不得私自拾取案

議決　福利科派專人辦理並由總務科派人協助

12、李科長提議汽車修理費太貴請討論案
議決：修理經過情形應由稽查組隨時嚴密偵查以杜流弊
13、郭科長提議伙食團消耗金支出多而收入少能否先墊付一個月案
議決：先向會計科借支於發放工資津貼時即扣還
14、郭科長提議工友擴工三日即無貸金以致伙食費無從扣得請公決案
議決：凡工友擴工超過三日者稽查組即飭派警衛兵緝捕賠償後即予開除
15、侯大隊長提議關於棉被問題現已有一千四百床下月預計作六十床但需布若干應由福利科先行辦理案
議決：由福利科先行接洽購置平價布事宜
16、侯大隊長提議工友曠工之原因第一有多數工人并不以作工為正業並可以稍待

10

工友未銜(而)借此在外賭錢或作其他事項第六內未收假之故亦有多數工友疲乏過甚(而)曠工請改善案

議決：由工務科通知凡曠工三日以上者由警衛隊拘捕根據第十四項議決案辦理

八、新科長佑提議九十兩月米價迄均未發放員工眷屬米尚須購一百双石請議決購買案

議決：俟小組會議再行斟酌

散會

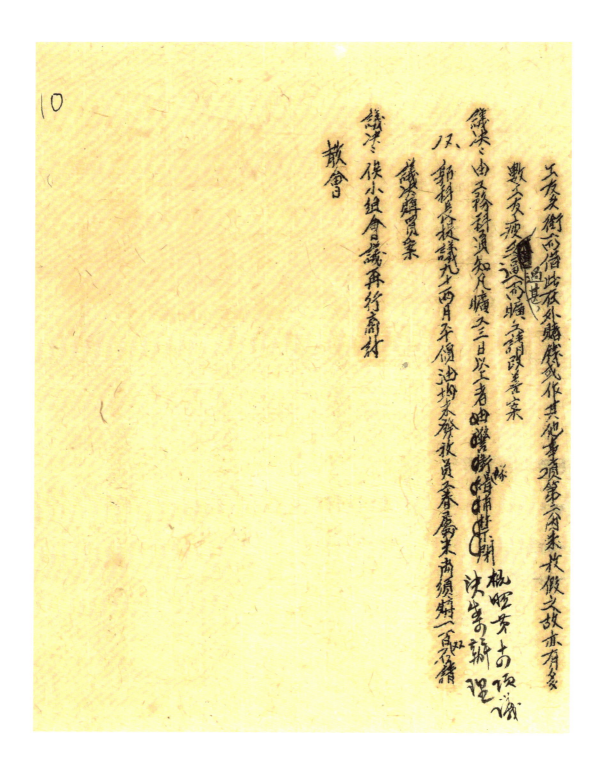

閱

戌 十六

成都分廠第九次廠務會議紀錄

地點 工務科

時間 十月廿五日上午八時

出席人員 鍾林 鍾興義 沈其柏 俞守身 虞文彬

洪世彪 葛蘊山 侯化均（葛蘊山代）李蔡台

郭秀泉 黃維貢。

閱 於十一、六

主席 鍾林

紀錄 魏甫泉

行禮如儀

四、報告事項

一、主席報告

本廠於廠長離廠後第一個禮拜在此禮拜中工作情形尚屬良好

各種第133批業已驗收第134 135批已各裝成半數於最近數日內即

川

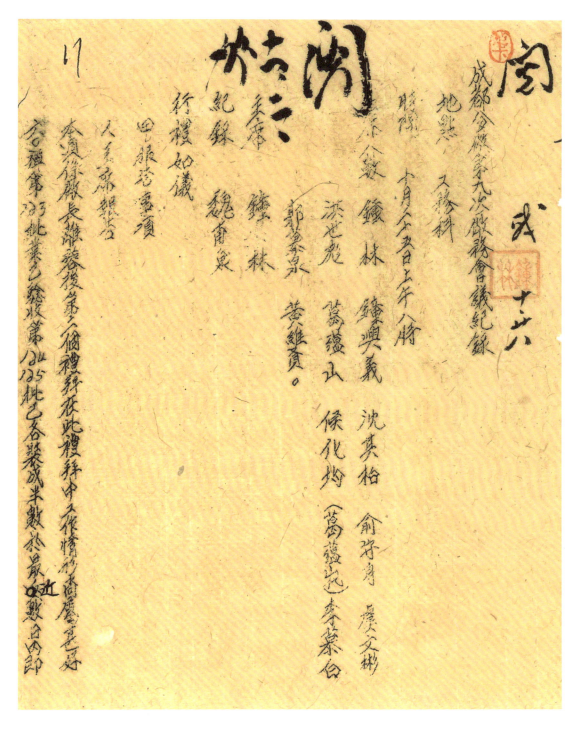

可就所检验之成品，批前核稽查组报告第一稽查之时其不依清查者，
至于对该处等负责稽查人员要举发事或为前次殴打之稽查人员之
父人咬之，使此种事件之再发，不法除已报告厂长外，前稽查员亦予以更加严办
中。
此次唐总队长因公来蓉，李厂长应与商讨，乃有时多不负责，殊非
对客之道，以后应予注意。
丁、钟点之表报告
目前接到总厂各报销，最近可汇来一万三千万元，并嘱撙节使用，下月
始有新款汇到，已刻已请会计科拟具支配办法。
又厂长之务报告，采购之积核场所最近可收到八万万元
乙、讨论事项
一、钟点表核拨议之报须规定格式以资划一案

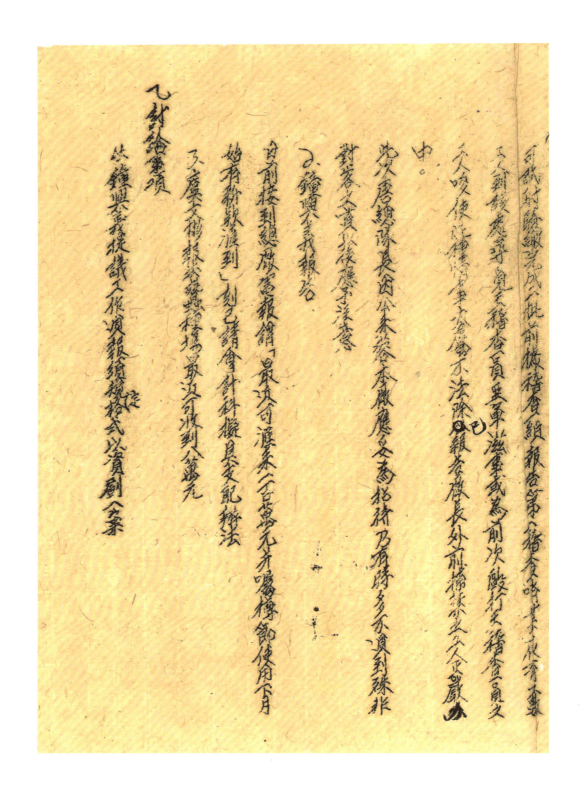

議決：由總務科擬定格式

5、礦林股提議又飭填報以科組隊為單位由各主管人員負責填報
無須各庫股報告請討論案

議決：照辦

6、礦林提議職員九月份獎金及十月份薪津應予發放案

議決：照辦

7、委員會提議硫磺不易購到若購私磺又干法紀請討論案

議決：總務科函請磺商知不能正當供應本廠即須在外搜購以維
生產

8、委員會提議重慶每次運米物料購買員工均不知道請以後須通知
購買米案

議決：以後由運輸科通知

9、沈科長提議汽車司機每以燃料不足途中賒欠甚多無法核銷

12

又此項貨車本科手車修理將來在反覆修理結果仍須修理修理費浩大是否合乎規定又有無奇特重儀因而損車之事亦無從查核應如何處理請討論案

議決：由沈科長請示廠長辦理

12、俞科長提議經費究竟如何支配案

議決：職員十一月份薪津六萬、十二月預撥軍糧六萬、運費五萬、物料費六十萬元，十一月份獎金四萬，[illegible]天津六十萬

13、鄭科長提議工友急需木床或合製或購買請討論案

議決：本廠自辦

14、李科長提議薪餉因為最大問題材料之添購亦非常重要現以無款支付應如何處理請討論案

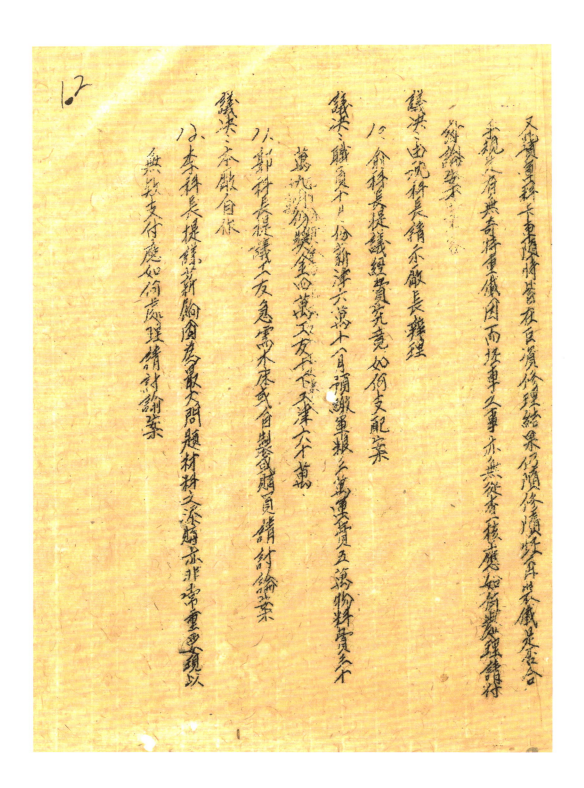

議決：決電呈總廠請示

13、俞科長提議四五六七（四個）月米貸金無款發放，擬請當呈總廠專案撥款以便補發案

議決：照辦

14、俞科長提議本人新到會計科，諸多不大熟習，擬仍請黃前科長駐留到會計科辦公案

議決：現黃事務員（辭）暫調至他室辦公，但對於會計科工作當由其本人盡量協助辦理。「[redacted]」

15、俞科長提議會計科辦公室狹小，請增加房屋案

議決：催促營繕股修繕房屋，遷移外公廳事，約可於下月十五日以前實現

16、洪世處提議上月伙食團均無錢支付，應如何處理，請討論案

議決：由福利科先將伙食團欠款支付，並各冊送交會計科代扣

17、鍾林提議合作社應輪番更替，不能休假案

議決：由福利科斟酌辦理

18、李科長提議修理汽車八部共需四萬八千餘萬元債務太重應是否修理

修理請討論案

議決：以在總廠大修在分廠小修之原則呈請廠長核示辦理

19、鐘興義提議資核會業經發表不久即可到蓉請各部份將

各種應具表冊及說明等項從即造送彙核案

議決：各部份限於本週禮拜六送交收支處彙核

20、鐘林棟提議關於工友之著長服者不准進入第一門擬請稽查組

執行案

議決：由總務科通知工務科轉知所屬各工管區即日執行

散會

閱 楷

成都分廠第十次廠務會議

地點：廠務科

時間：十一月一日上午八時

出席人員：鍾林 鍾疇義 俞守身 樊麟賢 庾化均 郭慕泉 李慕伯 葛積山 孫世彪 廖文彬 沈典栢

主席：鍾林

紀錄：魏甫泉

行禮如儀

甲：報告事項

1.廠長離蓉已六週，在此礼拜中尚無歸來，惟據最近函電，所有伙食米問題，火○彈已完成六批，除已驗收第121批外，其餘第125批係改裝底火後與行殘驗，係護經廠請屬員等

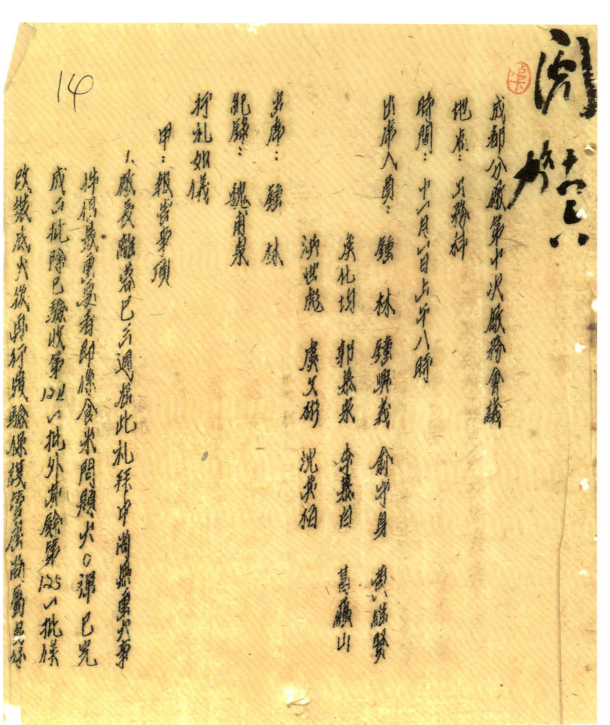

兩方顧求達可以維持與他各方面聯絡處之間

題請各出席人員發表討論事項

2. 會計負擔者

會計科送簽付款辦法須由領款人先到簽

記股簽章後再憑傳票送交出納股後方

能領款此項辦法殊覺麻煩擬改用通知

單方式例如某部某人應領某款先由會計

科用通知單送達應領款人持到通知單後即

持該單逕到出納股領取款項方便即請轉知

各周知

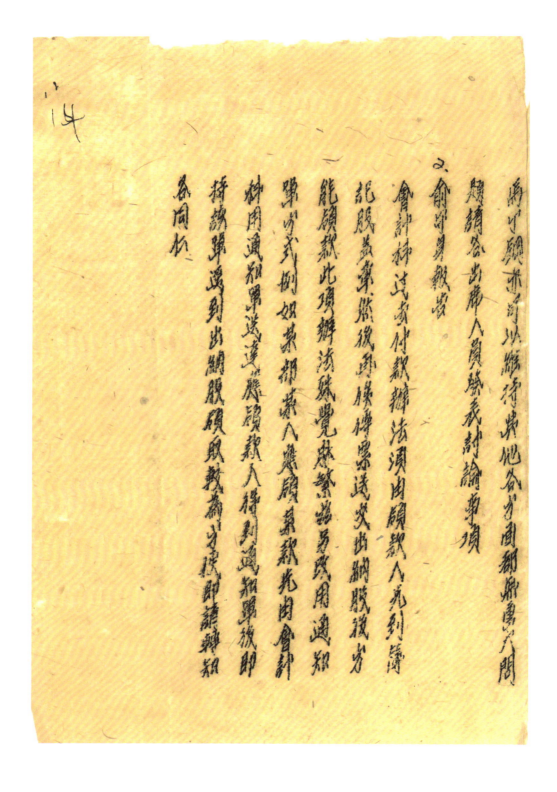

3、前次總廠滙到款項壹佰貳拾捌萬除已開支八十八萬外尚餘四十餘萬下次另資尚需六十餘萬方足支付尚差貳拾餘萬於本期閑時擬挪借購輪船款之用

乙、討論事項

4、洪世彪提議 伙食團因糧火炭係缺火燃用食料請酌量增加請付討論案

議決、由俞守身洪世彪郭慕泉共同商議辦法

5、俞守身提議 關於總廠情形請各部份預為估計數字電呈總廠撥款請討論案

議決：從十一月份起各部份須先估計數字先電總廠再繕細列表呈請

6、俞守身提議 茲擬定五月獎金標準辦法及

15

務處請付討論案

議決：辦法甚是 但現以頭緒多尚未入正軌 此項問題暫不討論

7. 滕 林提議 職員薪津須由出納股派員一致送請討論案

議決：通知出納股辦理

8. 滕 林提議 上班時間提遲半小時請付討論

議決：從緩決定

9. 余慕尚提議 本廠經濟困難 購買材料擔閣緣只為藏甚多若料積遲轉不靈以致擔閣頗度 以致採購東西發生困難請付討論案

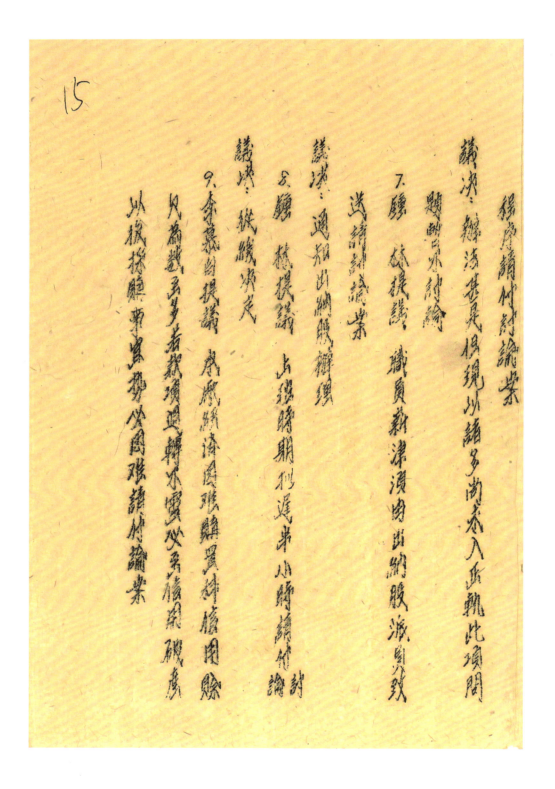

議決：照呈總廠請示

10.李慕白提議：修理汽車問題，以後請由運輸
科辦理案

議決：汽車大修仍請總廠，小修則由本廠另補五
人以專為修車之用

11.郭慕泉提議：軍米未能以時運回，請討論案

議決：由運輸科借出總廠等米，以及警衛隊派出兵運赴
搬運回廠，仍照已價給予力資

12.郭慕泉提議：工友伙食因戰亂消耗甚大，請
改定規則辦法案

議決：由總務科長簽請續辦理

16

（三）郭慕晨提議　宿舍不够，快應購材料案

議決：由營繕股加緊趕修

（四）龐化鵬提議　警衛隊需槍二十八枝，平價相若，是否應購買案

議決：由福利科、總務科、警衛隊會同辦理

散會

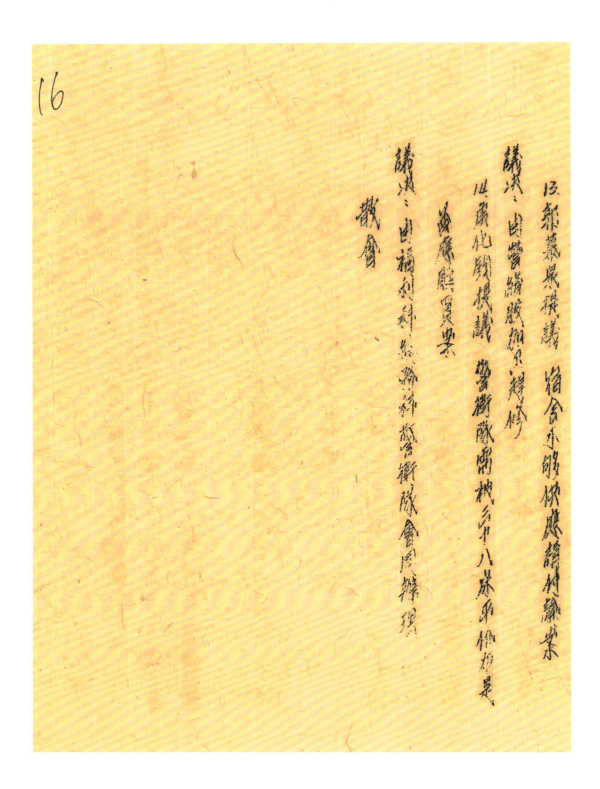

阅　十一、十八

中華民國卅二年十一月拾八日

3386

17

成都分厰第十一次厰務會議

地点　工務科

時間　十一月八日上午八時

出席人員　饒林　饒興義　葛蘊山　沈其韜　郭蔡泉

俞叔身　黄継賢　虞文彬　李慕尚（黄德献代）

吴化鈞　洪世彪

主席　饒林

紀録　魏甫泉

行禮如儀

甲　報告事項

（一）主席報告

上週本厰特别事務厰中保養費及玻璃紙欵支因之擾

成停又待料之事并因停電問題以致六〇譯未能作出

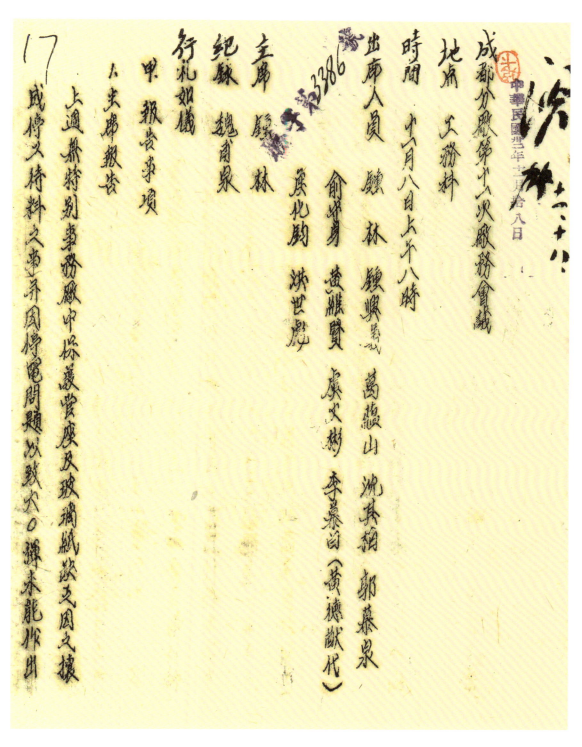

一批約計炸彈二千顆存放本廠，蒙受損失甚爲重大。
本廠又人與四川大學農場又人發生衝突事，除已處理
外，餘擬他事請各出席人員提議討論事項。

2. 俞守身報告

上週發放十月下期工資約計陸拾肆餘萬元，其他開支
約柒萬餘元，共計支出柒拾貳萬餘元，業將購輸貽之款
挪用貳拾餘萬。

目前經濟狀況甚爲困難，本科根據上次會議紀錄，已將
本月份各項預算開列款表，其中急於應付者貳佰玖拾
餘萬元，本月份經常預算共計肆拾玖萬餘元，均已列表
呈報。

又發十月份獎工約計三拾餘萬元，職員十月份獎金約
柒萬餘元，特款列時聯繫。

職員獎金擬規定於是月十五日以前發放以經費充實

請准照辦。

已於本分處有關會計事項辦事程序多未規定現經隨時補充增訂仍望各部份貢獻意見協助推進。

3. 郭慕泉報告

伙食方面近一週中間有許多報告損以前并無任何事件發生自東萊股長受訓去後所有事務都集中在本人身上尤以近來經濟困難振動實為不易故對於伙食管理方面致有疏忽溯自二十九年元旦起伙食由福利科經辦會計科監督米金菜金純由私人負擔更同年十八月改為每人月納二十八元不敷之數由公家津貼自去年四月新辦法公粮按每人除領軍米外超出之數自行負擔福利科自去年七月十五號將伙食交與又總伙食團

18

接辦後本科即未過問今年七月份交還福利科辦理但
不過僅負事務方面之責伙食采買收發保管由裴建勛
負專責買菜由各部份伙食代表辦手續裴建勛發賬廚房
出納由顧希文擔任本人只核公家價目出款須轉交顧希
文辦理所以本人未親身過問瑣碎之處自不能詳擬具
集各部出資人員到福利科請委并商討解決辦法。
只辦伙食團職員均係義務職人員并未由福利科指揮
本人當不能負責。
十八月份起本人須親自督率辦理。
乙、購置材料報告
現欠商款已達壹佰柒拾伍萬餘元合同到期者已貳拾
餘萬總計應付之款已核貳佰萬有奇。
餘萬元短期內尚可接濟設或周轉或路途發生故障則

未能按時到達。

4. 討論事項

5、沈其鉅提議 關於運米事項請盡量提前運抵以便準備案。

決：由福利科事先通報。

6. 郭慕忠提議 本月份米價油柏時購買請討論案。

決：候李科長返滬時再購。

7、郭慕泉提議 糧食目前可否多購存備請討論案。

決：視經濟許可時再行商討。

8. 購置棉被提議 現被不能供應請討論案。

決：購買現成實頭。

9、郭慕泉提議 十月初間本廠根據兵倉庫借米四十公尚未償還，該項不認報銷，必要貨物運還并須撥出折耗，請討論案。

議決：由郭科長簽請總理。

10、滕縣義提議：關於停電影響製造問題，請各分科將此次停電日期時間通知總務科，以便分別辦理案。

議決：照辦。

11、滕縣義提議：上週廠務會議提議出納股派員致送薪俸八案，現因出納股人數不敷分配，恐不能實現，請討論要案。

議決：暫從緩辦。

散會

19

军政部兵工署第五十工厂成都分厂第十二次厂务会议记录（一九四三年十一月十五日）

閱

九.三

中華民國卅二年十一月廿三日

勝字第3002號

第十二次廠務會議紀錄

地点：工務科

時間：十一月十五日上午八時

出席人員 鍾林 鍾興義 俞宗芳 黃維賢

侯允鵬 李蔭白 洪世彪 沈其柏

虞文彬 郭慕泉 葛蘊山（洪世彪代）

主席：鍾林

紀錄：魏甫泉

行禮如儀

甲 報告事項：

1. 主席報告

職 鍾林謹呈 十一.十七

0013號

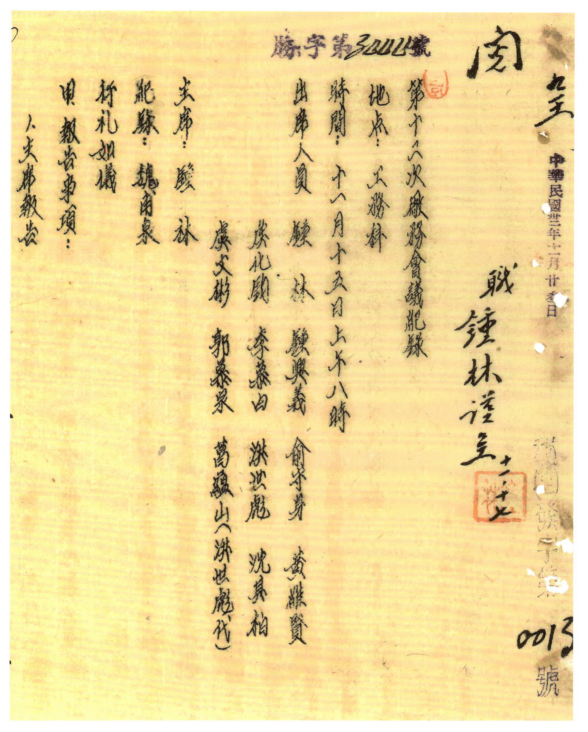

20

上週工務方面，鑄工木箱致123批已完工，六砲彈、原箱裝資金則聯合即可抽驗，其主要因素速、條原款之故。現已接發濟服裝工人十六名，準遂本箱，以資供應。砲彈部出品尚僅每日有壹千顆，務能繼續維持，則月出叁萬顆，想不成問題，俱以工人數尚多，須設補舊之。

引信方面，原請六十八廠供給，本廠出品增多，勢有待料之處，青鉛缺乏，使工作不能推進，另將鋼鐵廢鐵拆卸，將青鉛熔製利用，此為萬分無法中之辦法，通了鋼據聞本月六十日可到，如能展轉到達，即可接濟。

2. 會計事務方面

(1) 上週以(滙)來賬費分配情形，已報告核案，除刪留備用金外，尚兌元外，滙有十八月上期工資及積欠電費與鍋炉款均未能列入分配。

(二)十月份工人獎工發放辦法，於十一月十三日送達總務科，照以前習慣，并無送達錄，無判明各部份送達及送達日期，有無延誤，關於獎工辦理程序，擬請早予核定施行。

(三)上週發放工人獎工，有八部份工人，因不明規定辦法，群向會計科辦公室質問，影響廠紀甚大，此後擬請由主管部份予以解釋，或逕向會計科查問為妥。

(四)上週總務科通傳奉 廠長諭，關於本廠人事及營業、財務、文狀、原料、製品及發記、顯貨、文號、制均應擬具章則，呈核。除會計科已轉知各股洽辦外，請各部份就主管職業，擬具方案，以同推進。

八、錢興義報告

（一）六、五至六、八銅皮總廠來電告知已呈署轉飭八十五廠製造本廠目前急用之銅皮、自當另籌辦法、惟關於材料問題、應請有關部份、發俾計劃切實推動、以免臨時發生料荒、影響工作。

（二）本廠經費如此困難、每次匯到款項、不够開支、籌劃支配、咸感棘手、值茲出品蒸蒸日上、製造樂觀之際、經費問題、若不迅予解決、出產數字必將受嚴重之影響、而職工不安、殊屬可慮、擬即將本廠生產增加、經費困難情形、逐一呈明廠長、懇予轉署籌撥專款、以利工作。

九、討論事項

4、郭慕家提議
(1)上次本廠曾借倉庫米粮四十石，本月即將該庫
扣除，致食米不够發放，請討論案。
(2)眷屬米本月應購八百石，是否即行購買，請討論
案。
(3)十月份平價油尚未發放，請討論案。
議決：(1)購置科購米款內暫撥叁萬元，預繳下月米粮價
款，洽借彌補。
(2)(3)眷屬米及平價油，均各購八米。

军政部兵工署第五十工厂成都分厂第十三次厂务会议记录（一九四三年十一月二十二日）

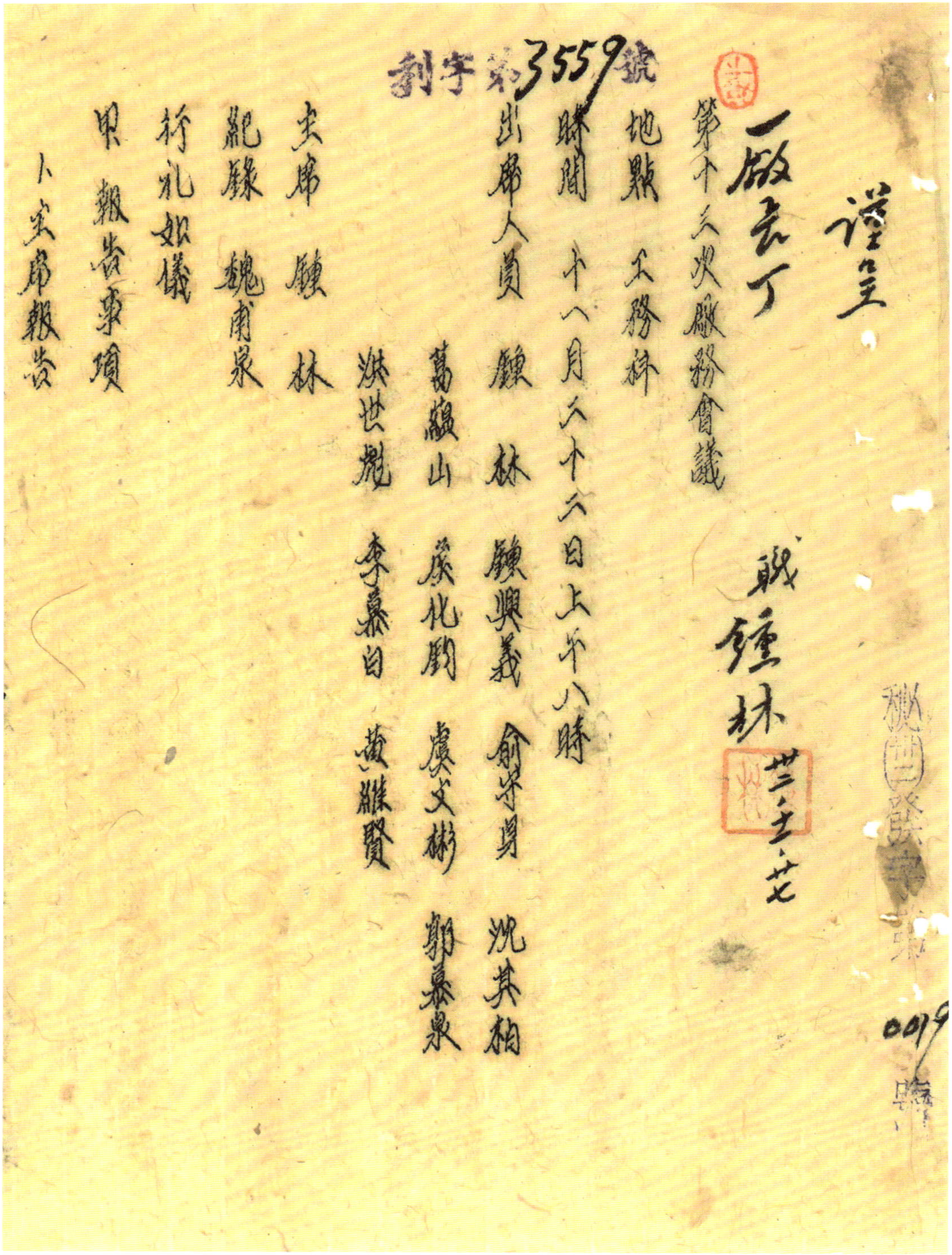
剩字第3559號

謹呈
廠長丁

第十三次廠務會議
地點 工務科
時間 十一月二十二日上午八時
出席人員 鍾林 鍾興義 俞守身 沈其柏
葛嶺山 蔡化鵬 虞文彬 郭慕泉
洪世槐 李慕白 黃維賢
主席 鍾林
紀錄 魏甫泉
行禮如儀
甲 報告事項
一 主席報告

職 鍾林

前礼拜中，尚無重大事項，其它要者，為款項與材料問題，因為無款，致炮彈不夠，不能勝用，所以荒廢之炮彈，無法運出，其次為爆炸最感困難，因李科長出差，各商人所送之爆品質不甚良好，前礼拜又廚房未能準時開飯，亦影響工作，拖東輪皮帶破壞甚多，因無款添置，只好以牛筋接補使用，其損失亦為重大。

火藥課，明日（二十三）可試射一批，本礼拜六又可試射一批，原存之引信業將用完，而二十八廠代製者尚未運到，關係出品至為重大，（此种問題）必須自己設法，根本解决，方免延誤，此為上週之情形。

2、俞守身報告

一、本人自供職分廠以來，已有一月，承代夫長及各長官之指示，對於廠中業務及趕辦積壓工作進行，尚稱順利，其有關會計行政應具規章，則秉承上峯意旨，隨時加以充實改

進，其請施行，深恐少數商人對於章則條條之重要性
未能瞭解，特就本會議報告通傳。

（八）積極之目的：本廠目前最感極端困難，補救之道
一方面增加出品以裕收入，一方面似須緊縮用度，
以節開支。關於增加出品，則工務部份甚賴資幹精
神，嚴佩廳已。關於緊縮開支，則本科職責所在，萬不
容辭，謹擬具補充規定或其他必須之手續，以應
審核之根據，蓋無非欲協助其他部份收閉源節
流之效。

（六）消極之目的：政府支出無論大小，機關或採辦預
制或採購，審制核銷之權均操於審計部，不特支出
不合法令，無法核銷，即合理支出而不照規定手續
辦理者亦根據本文列，最近審計部已實行駐審制

度總廠即有審計部派員駐廠審核，凡一切有關款
項之支出，如加薪、給獎、購料、顧料及總帳旅什等用，
均須先交審核，合法方准開支，本廠遲早必有派駐
審計之一日，目前實有奠定健全審核之必要。
凡事破壞則易，建設則難，本人對其當事務自明如此，但
辦理上因人事、環境關係，困難尚難於如理想，此則有待
各方賞援示辦法，合力推進者也。
一、上週滙到款項壹佰萬元，關於支配情形已奉　代電核
核定照轉撥一部分如後：
十八月上期欠解十三萬，棒薪十八萬，八月份電費貳
拾伍萬，前貝燒磚瓦尾款陸萬，劉什元，出納股應付傳
票七萬元，為了購一十及噸煤費柒萬元，購買材料轉

金貳拾、貳萬、備用金柒萬貳仟元、以上合計壹佰萬元、

3、李廠長報告

上週因本人出差、所以有部份材料未能按時撥濟、但為經濟關係、致使本人極感、恐亦難辦到、因欠款過多、無法應付、煤炭原料將來恐更發生恐慌現象、益以冬季雨雪泥濘、運輸困難、本廠欠款因積壓時、難免有停工之虞、關於炮彈木箱於本月十八日正式開標、即需款貳拾餘萬、故對此次匯來百萬元、本科備用金分文未予分配、南路新場炭本日可到六七噸、價每噸萬肆千元、設有現款、價或可略低耳。

九、討論事項

1、李廠長提議

（一）硫酸需用萬急、價格須拾萬元一噸、並要先付款始能

25

提貸請討論案。

議決：先購硫酸半噸。

(八)平價油本月份須購五十件，兵工署所存之貳仟六百斤，現據來函催交，似應價送，請討論案。

議決：兵工署存油應陸續送繳價還。

(九)代用十八廠購之輪服如何運輸請討論案

議決：交由運輸科辦理，其所用運費於貨款項下應列單索還歸墊。

(十)食米尚應購六十萬斤，墊款購買，應如何處理，請討論案

議決：食米暫以購好者，有購穀來，因當於礱米耕且價格較便宜也。

5、萬龍表提議

(八)本組辦公時間或依據工務科或依據辦公所，請付討論案。

議決：稽查組辦公時間應依據工務科，其獎金一項應否依照工務科辦理，應候廠長核示。

(六)本廠務處有一人佔數間者，有數人佔一間者，並有在外住宿者，似不公允，應予調整，請討論案。

議決：俟宅房尚未完工，俟修竣後再為調整。

(七)警衛隊所禁閉人犯，請給發囚糧案。

議決：由警衛隊具條向福利科先行借用，月終造冊報銷。

(四)現值天氣甚短，下工時不但早已黑盡，且時刻以冬防期間，如職員之在外住宿者每多早返，深恐途間發生意外，而廠內又無房屋供其住宿，實逼促其曠職，影響工作甚大，茲為增加工作效率起見，擬請照中央頒佈辦公廳辦公時間，改為八小時，工場方面因有加工問題，仍為十小時，請討

26

論案。

議决：懇旅團長核示。

6、廣化鎮提議

(11)現已屆冬令，警衛隊士兵棉服尚未發下，深恐因寒致病，影響公務，應如何辦理案。

議决：備函速催。

(12)士兵廚房僅八個小間，實不能敷用，請討論案。

議决：警衛隊擬修造單，以便轉飭營膳股辦理。

(13)現刻天氣嚴寒，士兵尚無棉被，求價亦未來縣，請討論案。

議决：先購布若干尺，俟新款到時，酌撥款續購。

散會

军政部兵工署第五十工厂成都分厂第十四次厂务会议记录（一九四三年十一月二十九日）

謹呈

一廠長丁

職 丁天雄

剩字第3513號

27

第十四次廠務會議紀錄（成都分廠）

地点 工務科

時間 十一月二十九日上午八時

出席人員 顧棪（因病缺席 鍾興義代） 鍾興義 洪世彪 俞岑

身 李燊昌（鍾興義代） 黃維賢 吳化朋

沈其相 吳文彬 郭燊泉 葛顯山

主席 顧棪（鍾興義代）

紀錄 魏甫萊

行禮如儀

甲、報告事項

一、主席報告：

顧代兼主任因患病於今已十八日，本日已請沈委員織、

赴公立醫院請戚院長壽南來廠診視，此次會議出席、

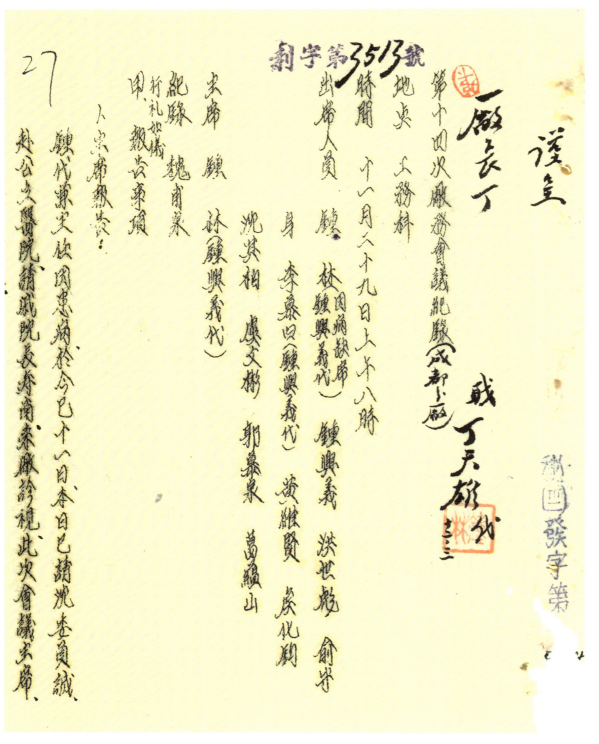

即由本人代表。

此次會議，工務科由朱派員參加，俾視其工作週報，即可明悉一切。代業尖[illegible][illegible]日久，而全廠工作仍如常緊張，此皆各部主管人員負責努力之表現。

總廠匯到款貳佰萬元，分囑撥歸使用，其配用情形已請俞科長擬具妥當。惟從前積欠商款、借款約叁佰餘萬元，尚未奉到續寄款，因此應付局面非常困難，只有繼續請求保渡難關。

又、俞科長報告：

(1)上週奉撥經費壹佰玖拾捌萬餘元，本[illegible]撥[illegible]分配如下：

(1)建國紙廠購炉款又半數貳拾萬元。

(2)中八月下期工資陸拾柒萬元（內六洲拾肆萬元又

八三所四拾萬元又總稱料拾叁萬元）。

(3) 到期各類合同款拾陸萬元。

(4) 購買料價積欠商款六八部玖拾萬元。

(5) 保留備用金伍萬元。

以上共計貳佰玖拾捌萬餘元，除因購買料仍感不敷，除撥建國廠款暫緩發撥購買料外，再就庫存及備用金內加撥該料拾萬元。

(六) 辦公用品預算各部份尚未送齊，轉瞬即屆十六月份，為遵守規定施行日期起見，請各部份速予辦理，以免到期領用時感覺困難。

(七) 工人獎工辦理程序已奉文核定，公佈該程序規定各部份於六月六日上午十六時前，將呈請獎工清冊送交會計科，又獎工清冊並須按公佈格式填列，以期節省計算及審核之手續，請各部份轉飭承辦人員加以注意，以免延誤發放日期。

3. 本科長報告

(一)查本月份額定包製之炮彈木箱，經發報招標投標廠商共有八十六家，於二十八日(星期一)開標，結果選兩家標價最低者內，每只實價參拾肆元得標，惟上兩批價為八百七十九及八百五十三元，如以上批價比較，則相差總價達拾萬元之多，換言之，即本廠本月份減輕十萬元之負擔，其定金百分之五十，業經會計科於上次滙款中分配要定，茲已如數付訖。

(二)月底將屆給與有款，將貳個億十條內元費之衛生材料，於此次購買中，擬量分配藥料廠用，以便各廠說明能源燃料材料。

乙、討論事項

1、俞守身提議

查兵署修訂各廠獎勵出品質量暫行辦法規定，及本廠所訂補充辦法，對職員請假曠公等等採記分方式，超過規定分數即予扣發獎金，規定甚嚴，其獎勵勤勞懲罰怠惰之用意可謂盡善，惟對超過規定分數以後之曠公人員或遲到早退事假過多者，則尚無限制，復查工人曾規定八月中曠工三日者，即停發米代金或眷屬米及津貼補助費，請假過多者扣發米代金或眷屬米，應否將職員部份加以較多嚴之限制，以示員工一律平等之意，請討論公決。

2、葛鐵山提議

29

關於職員之簽到到退可否另予參入

（八）爲本廠人員，有者曠公一次以上，即扣除全部獎金，有者一部份人員因已曠久，認爲領不到獎金，長於不簽到退，希望以後曠公人員，仍須簽到簽退，以遵廠紀。

（九）再有一部同仁，對於簽到到退非常認真，遵守條規時舉行，但實際無手簽到後，則仍返家睡覺，或逃出外間遊玩，此種情形，可否請各負責長官加以考查，加以勸導。

（十）本廠同職工福會務展開以後，有一部份職員於外兼依現以兼營商販，而本廠又無務，屢於應到者路途甚遠，則早晨實際不及趕到，晚間退班者早已啟程，又値冬季將屆，氣候嚴寒，村小道路更是難行，又

處、關於住外過遠職員、可否予以优待、免簽到退、以俟本廠房舍修繕完竣、促其移居廠內、再行簽到退、

（四）各職員已簽到而不辦公者、此種情形屬於人事方面、擬請出佈秘書按制攷核之。

以上四点出請決議。

三、俞守身提議：

（一）查各職員之請假者、多屬病假、而均經醫院醫師証明、此亦應請稽(利)核調查。

（二）各職員已簽到而不到辦公、(資)者除由人事負責人員(遺)外、應請稽查組嚴密辦理。

（三）各職員在外居住、因道路遙遠不能趕及簽到、或亦屬实、但免簽到退、應使不致發生流弊方可。

四、鄭泉泉提議：

查有多數職員，每因趕不及簽到，遂補具病假單，因病
假扣分數，究應如何辦理案。
議決：關於以上提案，由總務科擬定單案，送各部份核改，修
正後再呈廠長核准施行。
5、郭慕泉提議：
總務處來函，不續增可以盈再購買，但龐款局核減甚嚴，
必須多員人數，以轉賬劃除，請討論案。
議決：員工每人酬送六個最末，即兵器入別號八。
6、顏興義提議：
前次由市府轉來承續第八區林米足分配，欲請再向
市府洽辦，請討論案。
議決：由總務科辦函，交稿樹林送向市府接洽。

7、駿興義提議

工務科需用硫磺電池甚急、似應設法購買、請討論案。

議決：購置科速辦。

8、葛嶺山提議：

稽查組人員不敷分配、請派員補充案。

議決：報請代兼主任核示指派。

散會

謹呈

廠長丁

勝字第3661號

職 鍾林 十二、九

卅二 發字 號

0026

成都分廠第十五次廠務會議

地點 工務科

時間 十二月六日上午八時

出席人數 鍾林（因病缺席由鍾興義代） 鍾興義 葛履山 宗家

翁熙 虞文尉 沈其樹 汪世彪 俞守身

李鳴梓 郭慕泉 李慕白 黄經贤

主席 鍾林（鍾興義代）

紀錄 姚彬泉

行礼如儀

甲、報告事項

一、主席報告

鍾代主席：林因病甚有起色，但尚不能辦公，本日廠務會議仍由

（一）

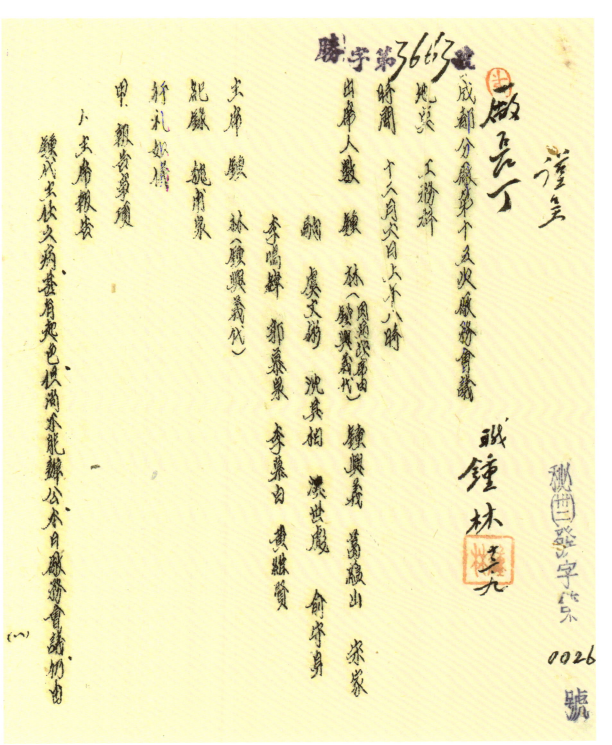

本人代表出席、當發出報告者、

（八）警衛隊李隊長鳴輝、由渝來參、於本月八日到廠、主持警衛隊事宜、本廠員工各同仁、當表示歡迎、

（九）上禮拜六成都行轅總務處來核、適值組單查會工作改組第八組業已到齊、訂於十九日來本廠考核、其應注意之文件有七項、（1）賞懲簡歷冊（2）工作報告書（3）改善意見書（4）三十六年度八月至十月份職員考勤表（5）三十六年度副本遺失預定表（6）三十六年度八月至十月份出品數量表（7）單價表、當再通傳各部轉知存遞、

（十）關於炮彈生產情形、五月裝造貳萬伍仟具、叁萬發續、當示成績頗為滿意、尚為樂觀、惟現在產量定為伍仟、藥材耗費及經濟兩項、材料方面均求降低、尚可乘機提高而發國家

着為繳付問題，上次匯到之洋伍拾萬，尚早已分配用完。此
廠長以再三撙節使用，而本廠負債有叁佰餘萬元之多。
並以匯來之款僅敷目前之用，前欠債務材料則無法歸還，
甚且挖肉補瘡，東拔西填，更為常有之事。值茲年終將屆，
物價上漲不已，木油燃料、木料繼續漲價，事前既無款
購備（添），則又必需臨時賒購，即行成債務，愈久愈多之現象，現所
欠商數額已屆承索期，長貴於應付之功，似未應付之困
難，尚希不能補救，則甚望總廳撥匯債欠專款，以利進行。

(2) 創修貸款

(一) 第六所十八月下期工資業已發訖，第八、三、四所工資本週內
亦可發清。本廠十八月份工人工資，決定（懸於）本月十八日前發放現
上列總費尚無消息，如於五日之內無款到廠，必致延誤

(六)

發放日期，擬請鈞廠迅賜撥款接濟。

(六) 會計科月餘以來，均在趕登舊賬，現趕帳工作已告完竣，以後即當按步核對清結，凡各同仁借撥款項，應於本年度終了前設法辦理報銷手續，否則轉至下年度即須轉入各私人借支賬户，按月在薪津內扣抵，敬請各長官轉知各同人爲盼。

乙、討論事項

3、李科長提議

(一) 最近物價暴漲不已，九月以來油煤兩項尤甚，漲勢兩地無過，本廠均有此現象，加之最近各項預算核撥，于各實支未甚充足，又為漲價之易，原因以本廠消耗量甚大，須將所有煤炭，自應於檢購儲存數量多，自能穩定萬元以免受本廠價漲之影響，并於不周時間將迅速撥付，以求、臨政停止之處矣。

(一)惟以接辦所、最近以財政部辭私處，請撥出派員接濟，關於

本廠材料、則予通行。

(二)警衛隊請轉省被累部隊、前購大炮外、尚差大炮、是否必須再購、

如需再購、請撥款叁萬元。

議決：(一)急需大量款項、另作報告、請廠長撥專款。

(二)惟以接辦、省財部所設辭私處，由總務科接洽交涉。

(三)警衛隊購自被累、應予照購、暫發辦公廳主辦出叁萬元

作購即交用。

4. 本件交提議

本廠需人開教、前教發頒服、急待購買材料、數多且類大、需求籌發專

款案、應付為解、付於交請臨公決。

(六)

34

成都分厂积欠商款/待付货款报告表

32年12月10日製

摘要	数量	单位	金额		备考
急待偿还账款			1,800,000	00	该列款项积欠甚久若不於短期内偿还以后即不能赊欠
硫磺	10	吨	480,000	00	向购厂商如不即时购到即有停出品
杉板	200	块	400,000	00	製60炮箱用
中央造币厂紫铜/黄铜	2/3	吨	275,000	00	轧铸铜片装设管座用合同第71/72号
酒精	500	加仑	200,000	00	运输科及厂务用
十二月份食米	40	市石	140,000	00	本月因经济拮据未购足
十二月份菜油	2,700	市斤	90,000	00	〃　〃未购
还兵工署菜油	2,600	市斤	100,000	00	九月份因粮食奇缺借兵工署存油备用
犍为县焦煤	130	吨	1,300,000	00	下列三项[illegible]
黄州煤	40	〃	300,000	00	

烏煤	60	噸	330,000.00
總計			5,635,000.00

議決：呈請廠座籌撥及糧局商兩撥來。

5、郭慕泉提議

本廠逐月領糧辦法、係預先造報領糧、即本月份預造下月份者、及至本月屆滿、其實際人數、業已超出甚多、再該廠逐次核減數量、亦復不少、累積以來、食米即不足、俟至本月份擬請購米貳佰双石方能應付、請討論案。

議決：福利社將以前核減之數、造冊向糧秣廠補領、以後應照編制人數請領糧秣。

6、洪世虎提議

現天氣嚴寒、可否利用公炭為各辦公室添置火爐案。

（四）

35

議決：歸列材料檢驗所。

六、李鳴鐘提議

運輸工作，是否從三十三年元月起，由警衛隊擔任，以資

補助，務請討論案。

議決：此項問題，由運輸科積負組警衛隊會同辦理，以求確

於穀關稽保則。

散會

36

秘（卅二）發字第0027號

勝字第3748號

成都分廠第十六次廠務會議紀錄

地點　工務科

時間　十二月十三日上午八時

出席人員　錢　林（因病缺席）（錢興義代）　錢興義　俞守身　黃穀賢

吳文彬　李慕白　鄭泰泉　洪世彪　葛藕

山　沈其柏（因公出差）（邢毓濬代）　李鳴崢　宋家驹

黃景暘

主席　錢　林（錢興義代）

紀錄　魏開錄

行禮如儀

甲　報告事項

一　主席報告：

（八）

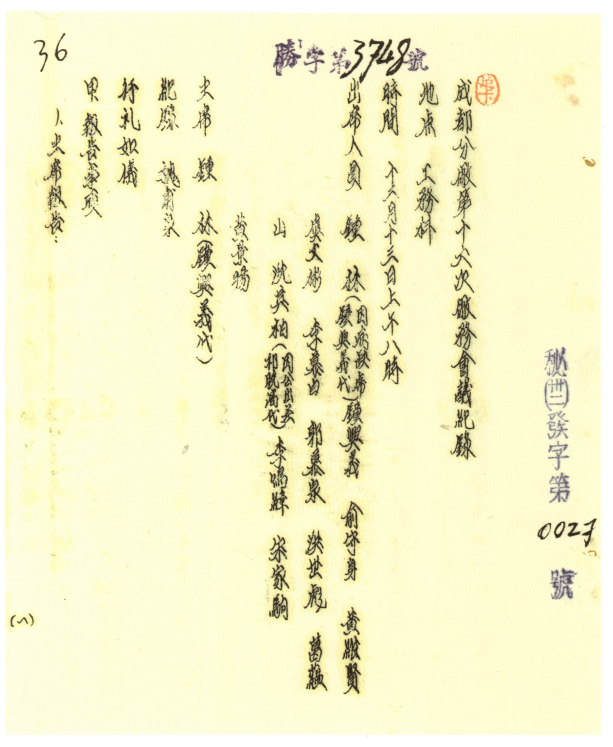

职所患旧疾之病，刻已大体告愈，惟须休养，尚不能起床，本
日会议出席，仍由本人代理。
关于会计工作改进问题，前于十七日来厂改组期已不远，各部
份应具备之册表，务请即日送到总务科，以便汇集，而
免临时匆忙之虞。
机器开发时常发生恐慌现象，昨日为射击砲弹箱已拨警
卫队应发之饷弹，暂时挪用，应付困难已达极点，以后各厂长
之修支、部各支、实习官，一律不予转账，以减支出。
本月六零弹可造成叁万颗，除于上月验收叁千颗外，本
月十六日尚可验收叁万颗，除叁万颗材料不足，本月可
完全验出，惟引信尚差壹万枚材料，业经迭次交涉，尚无发放
来，拟催，可及时运到。

分廠缺乏黑煤、乙、小水、使受影響、將其多予材長設法
賒遣、并新款到時、多多購買、以維出品。
2、會計部報告
(一)上週派到煤費廣僑、致撥除款元、當已撥照要需情形分配
換貨、燃料、建國廠、又款及積欠電費并尚無法應付、因五兩月工人
米代金補發數亦擬暫緩發放、因應製造部份之要求并購有本
能與物之原因、不得已就購買材料及款內剛撥入部份劃入分
配本廠之數、已電呈總廠續撥。
(二)會計科辦公室地點、設於小目前因擬辦事處、東邊北開
於各部份工人查詢或請求補發工資薪津、獨務請以書面通過
知本科以資撥快分發各長辦理、不必使工人單獨來科、以免
發生誤會、至關於漏發及扣罰等等、除已飭工人新計發報

37

勿虞缺乏,惟仍请钧部仍特别留意,藉收切实联系之效。

3、采購困難

(八)上週內關於煤炭油米方面來源稀少,其原因為因鄉村被拉壯丁,以致價格暴漲,本處最近購進米煤清油,因缺款稍拖,顯見損失。輸縣商人又多轉購兵廠,物價各項日用必需品,均有漲無限。本月份尚須購食米六百石、清油五千斤,及到期合同款,共本月份各項材料等款,務懇轉請鈞部大量撥濟,以便予以適當之運用,并於日下之籌及。

(六)最近驗收物料續感遲緩,據廠務由於機械部份延擱,可望續交,務於改善辦法。

4、鄰業采辦概要

糧食方面,十一月份只有數千石米,商人未運,因現有未缺之虞,以自去冬天氣緊急以後即須購米補充，亦在購買中，何時可以購到。

九、討論事項

1、俞作昌提議

本縣糧荒因饑已達極點，大以將近年關，特付之救為數既甚，而第先將因糧之購儲數字，亦甚艱大，可否派員赴省面呈縣長，因縣情形嚴重救濟，以資請付討論案

議決：陳請縣長核奪。

2、葛嶽山提議

本年入冬以來，盜竊案件時有發現，應請大會內外嚴行取締，以杜流弊，請付討論案

議決：函請縣府嚴禁。

3、李慕白提議

(六)

38

此後各廠需要求、於物料交庫廠收兌集中檢驗、隨時收撥、以
以資撙節、而免積壓、應如何辦理案

議決：向各該材物料庫洽商辦理。

4、本署審查股提議
各廠不需用之器材、暨其他附件、可否請部材料長將
撥交各該兵工廠、轉飭儲管、不待會報撥到、照原價格、以濟眉急、案

議決：請部材料長洽辦。

5、本署人事股提議
(一)本廠廠務後撥郵票、已無從兌發、此項郵票、擬請支賣、作為
衛生醫藥費手續之用、請討論案
(二)本廠外圍種有樹株、該樹木業已就核撥請砍伐、作其他用途、請討論案

議決：
(一)郵票由總務股支賣、該股須呈報備案。
(二)就核樹木、由本署材料庫砍伐、并分發各廠應用。

散會

成都分廠第十七次廠務會議紀錄

地點　工務科

時間　十二月二十日上午八時

出席人　顧　林（因病缺席 宋家騮代）　顧興義　洪世應　俞守身

沈其楨（因公出差 祁曉滄代）　郭慕泉　李慕白　虞文彬

葛麟山（因病缺席）　李鳴森　曾景賜　黃濂賢

主席　顧　林（顧興義代）

紀錄　魏甫泉

行禮如儀

甲　報告事項

1. 主席報告

顧代主任久病、尚未完全脫体、今日遂不能出來、此次會議、

（一）

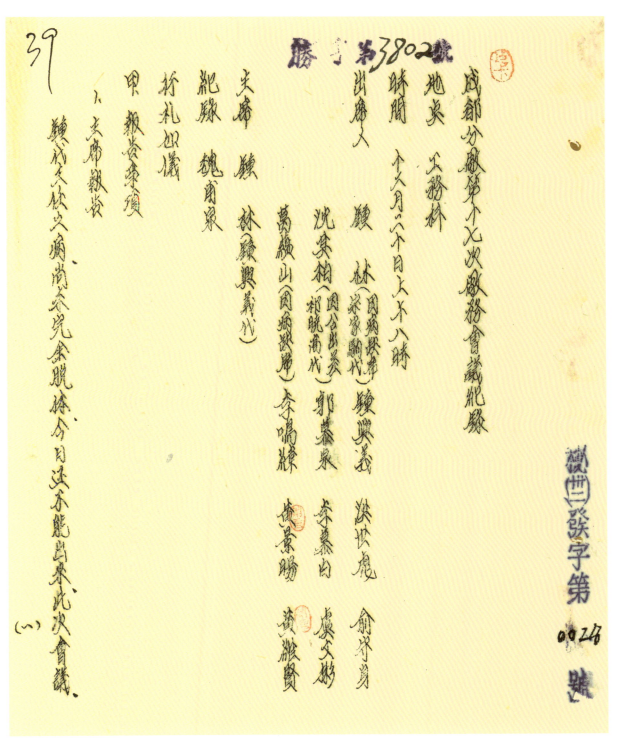

仍由本人代理主席。

十八日審委會派檢官來廠所得結論八點。

（七）劉技術員聞貴廠開措，示本廠人事方面須注重上下協調、

和衷共濟，以達加強生產之目的。

（八）劉技術員臨去時，延醫官驗（與劉技術員有接觸之人）曾詢問

此次發廠改換之評論，據發樣大體不差，惟員工曾受

軍訓者甚少耳。

現撥存運小麥只肆萬餘元，職廠本週十五日派出會

備萬元，但迄今尚未派到上期之資，尚難着落，請求辦長

家駒及黄股長景陽轉達各劃署，迹所需之資，并能轉報各

工友，候款到時即行發放，緊要於零券及票急購買物國用

類，當請本科長嘉泰白勉力維持。

設養蠶宿舍，明顯早應完成，因經費困難，致材料
不能購買，遂致拖延，至今如竹、蓆等項，尚需款十餘
萬元，若能最近購到，則於舊年底前當可竣事。
能保分開，擬請後意無發現，又直接到會計科查詢
來預算有否經動修發出，該會計不要費，本日最後有不
發表福利科發出口用，來執忽然大鬧，來願本人前往制止，
以後各文交出查詢要項，請由文發股轉達，以免多生事端。
2. 前次自報告
(八)本科前擬各部份報交，股聯辦法及應用單表等，本務
科現已同意辦理，辦公廳方面亦請於明年度開始時
採納接行，以資入律。
(九)本科由來訪受理，以前因人來來訪頗為，余除接談暫條
(六)

40

不仅外，其他急待举办事项，均未合乎需求，本人深以为憾。兹幸前派股长人员，业已到职，将来凡本年度材料账目之拨对补充，明年度成本计算制度之筹拟，均在着手办理。并请各有关部份切实负责，及各主管技术同仁随时协助指教，以利推进，实深公感。

3. 参事自报告

（一）炸药规定每月购买五十吨，本月份已购足，而使用部份尚不敷应用，如须添购，应另案呈核，方可照办。

（二）营缮股修建宿舍，尚需百家所需各处商公所在及变价已须款拾伍万元，应请人事股办理续购手续，各请列入预算，尚须续办。

（三）总务处之本期账款购买应及早发放，以免临时急切筹措为要。

(四)驗收材料部份，似嫌太慢。前次購用之保護管，事隔多
日始發下，工人久候。是全材料，以後務請檢驗部份從速驗收，
并請總務科撥員入開抑材料之待驗者，以利辦理
驗收事宜。又各人網須現款購買，現以經費告罄，無從
賒貸。

4、徐家駒報告

關於材料之驗收，有時只接到通知而材料未到，有時材
料已到而未奉通知者，以對於驗收事項，不免有遲
慢之誤。且於浸沒水合格之保護管事，因工場方面負
檢驗該項材料者，僅有八人，并須首先檢驗本廠者，其次
每日須檢驗八千只以上，殊感困難。驗時間，始能檢驗外購
者，假不足包商人。本廠務有樣板，如能精確製造，按照規

41

定，尚必有不合格之現象，再查檢驗報部油八桶，本廠拖延，以致因本科長在渝購買各條件零星五十斤，俱派員前往驗收，時逾及英國賈爾士，在渝承庫務又不准核封，查看，遂致擱延甚久，後以催詢甚急，復派員驗收，又發現鐵漆，復四十八斤，並緣庫務發予開視，結果發現內有酒精、水份摻入，本當送技術所化驗，視其淨油成份若干，又恐愈形遲誤，并此項不足之數仍為運輸上之損失，此事始於驗收完事。

5、鄭(?)曉高報告

(八)滴丁銅八十四噸九百四十七公斤，由(?)聯(?)豪(?)輪(?)於十六日十四日由嘉定出發，本應早到，因前水漲落，難行較慢。現據報於本日可達，決(?)以本已派員前往接增(?)，候船大部卸繳(?)

或於最近三四日內可到本廠，又竹根灘已無存鹽，將此併聞。

(二)竹根灘存鹽約計捌拾餘噸，根明年八月份以前內河運營，如於八月份起河水斷流後，須待四月以後始可續運，此点懇請注意。

(三)鹽次成品庫送來鹼庫施祿文通報，每因天天都無亂尚未究竣，致延期出運，本科深慮其責，攸無貝貝，時據報車子前交有合同商人承受損失，于本科辦事殊感不便。

6、采用建議

關於以上報告有效及醫然問題者，應開小組會議洽辦，以務求物調達到其利，業務功業有關大改方面取決

42

又該項須候代表大會及廠長核示辦理。

乙、討論事項

天、鄭委員提議

(一)本月已到廿日，本組尚未發餉，請討論案。

(二)前奉總務科通知每月發放眷屬米，按實人口八斤，業經六個月未發，現眷屬米有由合作社發給，只小[illegible]

(三)應如何辦理，請討論案。

議決：(一)由出納股按發餉期案參酌先交由鄭科長向撥款局續借下月薪米。

(二)眷屬暫停發放，俟款充裕時再議。

散會

军政部兵工署第五十工厂成都分厂第十八次厂务会议记录（一九四三年十二月二十七日）

43

進字第0006號

謹呈
廠長丁

秘（卅二）發字第0029號

成都分廠第十八次廠務會議

地點　工務科

時間　十二月二十七日上午八時

出席人員　鍾　林　鍾興義　黃敏賢　俞守身
郭嘉泉　李嘉白　鄧世庸　虞文彬
沈其翔（祁曉高代）　李鳴偉

主席　鍾　林

紀錄　魏甫泉

行禮如儀

開會報告事項

丁主席報告

此次本人患病月餘，在此過程中，廠務仍然推動

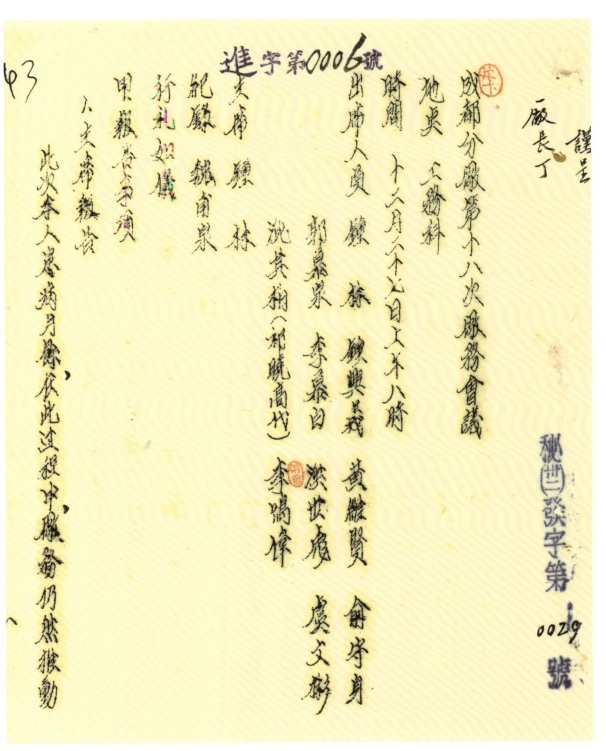

兹明令各部主官均尽量節省開支，厲行節約。
現本已屆三十八年度，本年度交八〇〇彈，可以淡騰清
楚，計本年尚有八批出品，現則已有七千顆，又盡月有三
四日又交部，可製彈本繳案。
近數月以來，每月均須交砲彈弍萬顆，材料，實際莫來
每顆單價因自採購，凡經費當為數甚巨，部因歸還舊
欠，造成種種情形，明年續貸八每月須發若干萬，難援資
方面，勞惟可望增撥，或許不致發生發，惟現所困難
者為引擴問題，是經費，各方面無時可造八千發，每月
則可達五萬，如材料人工經費及各方面節約，均入正軌
則將發達趨勢，當亦不成問題。
另又本廠為擴充機關，只以出品為原則，發供出品增多，

必須增選員丁，又攜利益，因物所飛騰，擬庶以攜利補
助之，使其安心工作，始克努力增加生產，如穫植業務，係
全合作社改善伏食穫穫事務，均有穫續，殊材久如願。
上員其他情形，請鑒去狀，據書報告，各部，此余業務諸
各夫當負報告。

2、穰興義務報告

現在縣府現金只有人民幣元，縣府派報，尚未送到，本
期工資，及職員薪俸，薪材，所欠多數，盡無付本月薪屬本
地人帳數入收，市示求續，須亦未發，及購置糧，方面則又開
款已逸，人員縣幣元之多，又尋足，糧買均無辦法，竟力覓
穫貨，以借貸員穀，送度，有款蓋元，到局未用，再商撥，後付給
一部，其餘帶，竟見縣府，機緩發付，解決其餘，到案其餘要

八

修竣後，係常年無須報告。

3. 雜　建議

總務處職員因（生活）艱窘情形已達極點，尤以最近為甚，但

本廠各級職員，從總廠職級者到自然分配，應付各級職員米前

承到財務須另案辦法，於本廠編發，請求全數設計發給員工，倘食米

實在無法購得，其失效之物出售，按發補所得為發給職員元，

以濟眉急。

4. 雜　業務報告

本月份在軍糧局業經領到三十三年元月份好米實物，

我撥（收）領取十二月份本身米，可以發清，尚有數十名眷屬伙

食因用米緊，須要待到明年一月初開。

眷屬米現已赴縣來文，本廠各人口只發文米，想再赴縣來

可以繼續發放，否則無法應付。

5.頒材建議

眷屬米每人再暫緩核發。

6.俞係身報告

八、本分廠經費拮据情形，已詳本年及去年決算書之議

資，但衛發費，迄現與開已屆，除購買材料商及續季料

及追加經費外，本月份餘米薪津及下月之資須應付

調撥尚無之譜，實有及早準備之必要。

八、本廠於本月間被撤出勝利閘文情形，曾積詳函月欵費最（似）

服裝，必須撥補，但本廠亮其時發掘出品以月產式萬件

為林非米糧無法有積式件收入貢員調出品既已推

來式萬枚外，然各項開銷物料用量向時增多，米料及

45

撥奖各級職薪津貼百元，燃煤電力各費，亦將隨之而高漲，職廠最近各月總月漲額約百萬元，除以部份償還以前負欠外，可供職廠開支者實際約僅貳佰萬元，因職原因即在於此，總請鑒察是否，擬懇職廠自本月起加撥補助費，以裕應付。

敬會

閱存

秘書發字第2號

46

進字第0127號

成都分廠第十九次廠務會議紀錄

地点 工務科

時間 三十三年一月三日上午八時

出席人數 顧 林 顧興義 俞介身 李鳴龢 郭慕泉

李慕陶 洪世儀 虞文彬 沈其相（郭曉嵩代）

黃啟賢

失席 顧 林

記錄 魏甯泉

行礼如儀

甲、報告事項

一、主席報告

分廠三十二年度開始[illegible]

[illegible]

部纳入正轨，方能源源出厂。计本年制造六公厘至九月底止，数量为拾柒万[illegible]，[illegible]本年底已须[illegible]，惟署方于十二月仍继续制造，令饬造叁万颗，是则此数仍属不敷。又今年八月至三月奉署饬造七万颗，但经费须将旧欠发给维持，方能拨付资发，否则拨[illegible]被减，本厂于今年春季三月之中只另加紧出产，因为八月至三月之时间内有阳历年及阴历年节，必有数日假期，又之二月份只有二十九日，因此之故，甚恐工作时间之不足，所以在此期间一週放假一次仍当照旧，但各员工努力工作，亦甚有若干拟呈请厂长增加员工奖金，以多奖工友，分文之多少，以示奖励。本厂出品增多之后，必须获高额福利，因为物价飞涨，生活支出高涨，有获高额福利，方可增进工作效率也。

2、[illegible]事项报告

上週第八次[illegible]到经费贰拾伍万元，购置原料分配实[illegible]万元外，關僑文工資五十萬元，又九月份電費貳拾伍萬元，總務餘無幾，七日發放工資尾數，尚需貳拾餘萬元，上半年底撥来總廠電報三通，指示八批款六百萬元，屬十六月份經費，六批貳百萬元屬價欠東款，三批六百萬元屬本年八月份經費，但實際僅滙到鎮僑萬元，應請向廠方査詢，再定分配方法。

3、鎮　蘇報告

平價布已得花紗局允許賣給，但需款百餘萬元，本廠因縮減開支，以致不能提出此項款，須函南京局緩期辦理布疋，合未曾轉達各同仁。

4、泰縣內報告

關後購進物料如鉄、電品、肖皮、紙等等，必須檢驗收單上加該批貨應請工務科接洽，通知本科再會同余委員辦理。

乙、討論事項

八

47

5、劉炳貞提議

關於本科審核股會同驗收事宜，有時本科派員前往會驗時，工場方面未見派人前來，待本科人員第二次再往洽辦，則材料已由工場自領用，僅憑領單蓋章，關於品質價格均無法調查，似失會同驗收之意義，請付討論案。

議決：材料於未檢驗之前，應先由材料庫會同會計科驗明數量，并查視品質價格登記洽辦。

6、李鳴鉌提議

運輸問題自二十八年度起交由警衛隊辦理，請討論案。

議決：運輸材料警衛隊協同辦理。

散會

军政部兵工署第五十工厂成都分厂一九四四年第二次厂务会议记录（一九四四年一月十日）

購買材料困難，不能買其來，但須向外採購，又運又分之又之，
制，後又購買材料，明要實行採，來採其因其處購買，賬
來多來不良，好貨，因又購買部出品不好，這出效果，每日分
又又十分，於現在除去每分又又十分，此礼拜中全廠廠購買材
料，原來甚不要原因廠廠廠料，又惟非常不好，引擎亦甚缺，
繳廠甚不速，運來，即廠務出品。
今日據明日可裁射又撬，根引擎商議，又又十餘只，如果
引擎再不到，其廠材料，136撬以舊引擎修理，據修
有限矣，137撬則舊引擎已無矣。
現因無款購材料，又又不能因此停工，又又月職員薪資又
萬及又油又費等需要，萬不能照此辦理，務懇請核准撥發又用。
2、擬興辦廠廠務

本分廠需款需料到如此嚴重地步，除以急電報告外，今後分
廠雖有部份之待料待款情形，影響非淺，負責人不作憑藉，
亦必除低可見本分廠總務困難已達極頂，以後凡缺款缺料之支
配情形，應詳細呈報，以求總廠明瞭分廠之實際困難，而予以
有力之接濟，報告方式或未完備，當加改為分別以表報
務式說明，緊急到何種地步，俾可以明瞭關於缺料案
項部之務料總務材料待用情況，并存會計購買內料核總
務及財之情況，除於詳報之外，更附呈表報，以便各處料
同意，即請賜此辦理。
總務之款甚多，待購料款亦殷，又電費補助月支款目
總額亦大，各分廠款債付停，電費據處，此須另候解決者也。
審查本部發動之分本系春季三個月內發動之樣本求高價優補貼，

110-1

損失年餘火藥萬磅，亦勢必造成停工，是則每月須減少三萬預估難，若能達到今造數字，此項武器前方需用迫切，本廠損負擔過舊，依長重本廠全體同仁，秉常遵循廠長意旨，刻苦遺趕，越制困難，以期達成戰攻勝利，之未臻繫效勉之。

3、會計月報告

本分廠新於本營業情形，已詳前稿及本核報告，頃道即以務開十一月份職員獎金及人薪八月工期以資人節前論以自願見期於總廠每次撥匯賬資支轉配移亦移交檢還，數均需到入賬每月撥支細數，因本人到廠交辦，核發積數又三個月又又過本八月底發積給完畢，則實付款項竟被減支出三分之八，報告本廠職員積薪，於十一月份內本料亦轉為力之周轉金及借支款項久懸報銷，報追繳及墊款本料繳費亦於現獨負

111

八月份起，按月造具支付表按類呈閱。

本年度起各部份借支週轉金，必須採用定額週轉制，以改正過去之現象，即最初借支週轉金一次以後，憑單據換取現金，不得請求增借，俾開本分嚴緊撙支配，應請各部予以諒解，又福利購置兩種，本年度應辦轉賬手續，並請提前辦以利結束，

4、本季募自報告

本校所欠商款甚多，舊曆年關將近，各商號紛紛索款，責為學院無法應付，賒購貨物不易，本籍因無款不允拖欠，永包，松枝、炊爨、汽車網校學項需款外，均待款購買，擠滯本月份應購之米到貨時，每市斤須四十八元，因無錢之故，積購入不能，所有各業因欠款太多，商人拒絕出售物款之源，幾廣原漲達各來，於食米則不因經濟擱淺而停止，

何日賒到須待總廠款到，方須視現款多少，酌量賒買，現尚不能預卜也。

5. 郭泉泉穀者

十八月份請賒食米六百双八穀，實際只賒到五十八穀，不得已仍將八月份軍穀挪借八百八十五穀，不[illegible]七十五双穀預留作伙食團僅敷十日之用，如能及早賒米，則眷屬米可以發放，否則，到月以後，員工眷米毫無應付辦法，請設法籌賒，以免臨時失措也。

撒會

48

成都分廠三十三年第三次廠務會議

地點　廠務科

時間　元月十七日上午八時

出席人數　顧林　顧興義　俞濟身（劉灝代）　談世彪　郭葆泉　虞文彬　黃繼賢　金廣提　吳耀南　沈其樹（祁曉崗代）　李蔚白（缺席）

主席　顧林

紀錄　姚育泉

行禮如儀

甲、報告事項

1、主席報告

上週及最近週間禮拜中為本分廠最困難之時期

因為缺乏燃料影響，工作只為停工各部份因無煤之故，受其直接及間接因停工者為數頗大。

此種情形從去冬到然逐漸轉好，但覺不甚本能達到標準數目。現在礦已能正常採煤，本月份已驗收六批，尚應製造四批，共成三萬又整，但現已有六批所缺彈筒到檢，因引擎未到，遂不能裝配，而本月份只有十餘日其長度機件之故，交此項彈附繳。

獻金問題，此次馮副委員長於本市發起獻金運動，曾於元月十四日召集本廠負責人於本辦會議討論獻會，本人曾擬請本廠職員各人獻到若干，後國機廠、四川機械公司、慶明公司、復興麵粉廠及其他各廠均各捐獻，捐高若干，約有數萬元，本人以本分廠職務如此因應

從時贊資本廠係成都最大之廠，人數亦復眾多，受感
熱忱亦不敢落人後，惟以捐款數字須向廠商[illegible]辦理。
副委員長於十五日下午將本案提廠[illegible]此
決到各員工[illegible]
為可[illegible]捐本分廠[illegible]以便
分送各捐款者以資紀念，關此[illegible]
本廠另為[illegible]以示分廠員工十日舉
行所得捐款[illegible]

己、廠與義捐報告

本廠[illegible]
[illegible]
關都[illegible]

呈送总厂核准（见了缴恐慌刻饬核发即请钧部饬发
给材料以便汇呈。

五、

刘濮报告

上周札发大所到之贰仟万元兹将分配情形报告
如下：（一）应付欠费计大所上期欠发叁万陆仟元，工人
上期欠发拾贰万肆仟余佰月薪费（上年十二月十一月份伙
费约合万元均未付给）叁拾壹万职员薪津拾贰万肆仟
仟元暨卫兵上年十二月份薪饷叁万叁千元尚未领足款
贰万陆仟元能弹遣费叁万元须拨给修六万元共计
叁拾万另伍仟元其余应偿贰拾玖万陆仟元赊欠借款
应偿贰拾万元赊购各项材料尚未发零星赊账共只存约
万陆仟元紧缩余一

九、討論事項

甲、議案　校長提議

現狀本校及教米價每月須百餘萬元擬花紗局採

購本月之米因物價中氏懸殊如何辦法請付討論案

議決：暫借八個月之米費共參拾壹萬員職員及新洋拾貳萬

校方六人上期之薪資拾貳萬元第六期上期之資參萬肆

計元教務處顧須參萬參千以上各款合計除拾壹

萬現計元轉請承發再於聯署按分配償欠爲款

次為貳拾萬內撥出貳拾伍萬元并將撥拾萬萬

即係存儲委員會不償本校之用完關支票米拾萬元內

以上照原案修正通過。

十、臨時動議

50

電費積欠甚多，新約尚未訂立，若不設法從速籌付，前

電灯公司將據欠停電方式，對於本廠業務不無影響甚

鉅，請付討論案

議決：由本廠備函邀請電灯公司負責人聚餐，晤商

統資暫緩付給，俟新款到時即付。

6、郭林長提議

春米尚未發放，應如何辦理，請付議案

議決：春米暫賬及中秋食肉賬單分配之款付給各人

發交付

散會

军政部兵工署第五十工厂成都分厂一九四四年第四次厂务会议记录（一九四四年一月三十一日）

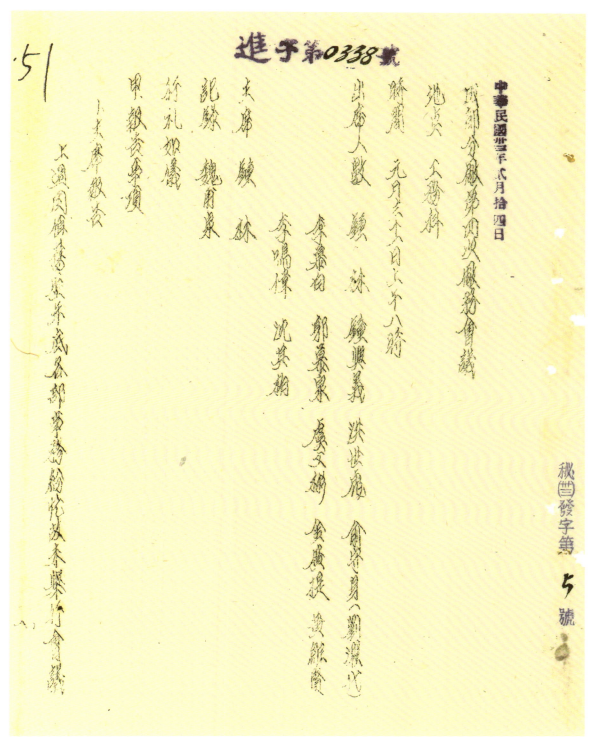

51

進字第0338號

秘(卅三)發字第 5 號

中華民國卅三年貳月拾四日

成都分廠第四次廠務會議

地點 工務科

時間 元月卅一日下午八時

出席人數 饒 林 饒興義 洪世康 俞岩身(劉瀚代)

李慕伯 鄭慕泉 盧文炳 金廣捷 黃維爾

李鳴傑 沈英樹

主席 饒 林

記錄 魏甫泉

行禮如儀

甲、報告事項

一、主席報告

本週因[illegible][illegible][illegible]未成各部事務紛忙故未舉行會議

此次須繳納前項礼拜六業經因大選將值結束并謂不克照發
觸於多因職員服務本外年繳清簽發所致近來生活更見
艱難米價已較去冬高出一倍其他物件高漲情形更不
待言而米糧物資消耗不分之又如是則八路各員工均甚清
苦此本不一待遇實非公允勝得米價時分發員工聊以維持
今年開工以後為多數工友未到工食其原因有之第一
本外來職工待遇一俟因各機關購賃不敷多員工生活不問因
此多數工人均前來本局滿不敷應此情形之下非常困
難此項辦法繳為妥當
上列開辦人員均不可離待其留出之前因為引擴本
廠及鐵工材料數繁餘大只是出資購賃賃發稍之問
八千顆只待引信裝配根此線現象實非開工廠本身問題

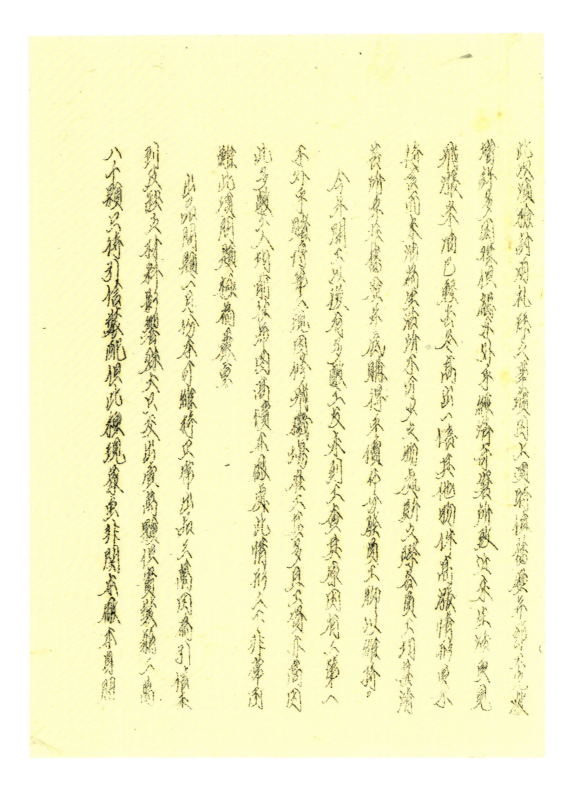

縣府最困難之事

經費方面已有良好轉機，綜觀業經請准每月撥發八百萬元，餘可設法籌款八百萬元，如果實現，則本處行負米存。

緊縮問題，為節流之一法，但在人務科方面，自行請退者甚多，因生活之高，待遇低微，另行他就者為數不少，如對於此項問題，則又有裁人加薪或另撥收入於增強福利事業，但福利又恐不足以維繫人心。

二、鄉鎮長艱苦

福利保為之基，以本縣綫務檢擾訴之案務繁據到即系酒八項保甲長兵米則將十六月份餘將給縣果十八月份補發到米糧，仁至今日本鄉長因難將米谷未繳清各鄉鎮尚未發給，以縣各保八九月份者員縣即本縣尚未發，無月未補

（八）

52

惠将之湘舍燃煤须换耐火砖方不致许多困难。

五、李森因厂长

此礼拜中逾假超额者甚多，所幸困难已逐渐克服，所

分配之数额虽均分给各方，不敷尚多，仍须续定，并

火内之南人领不满意，复系衡量已设法合算，货物缺乏，

不免更须听候，又以运输阻滞，劳力缺乏，因被困难，补足为

难之处也，八月份能改换，本月八日开始领用，并以在会

议予商设法。

六、刘渊趣长

聊日康静文肩之鸿，腾为本兴，兼数度发，尚需陆续消息

之所之资酒之现，黎发恨为未到，[illegible]。

5、李鸿标厂长

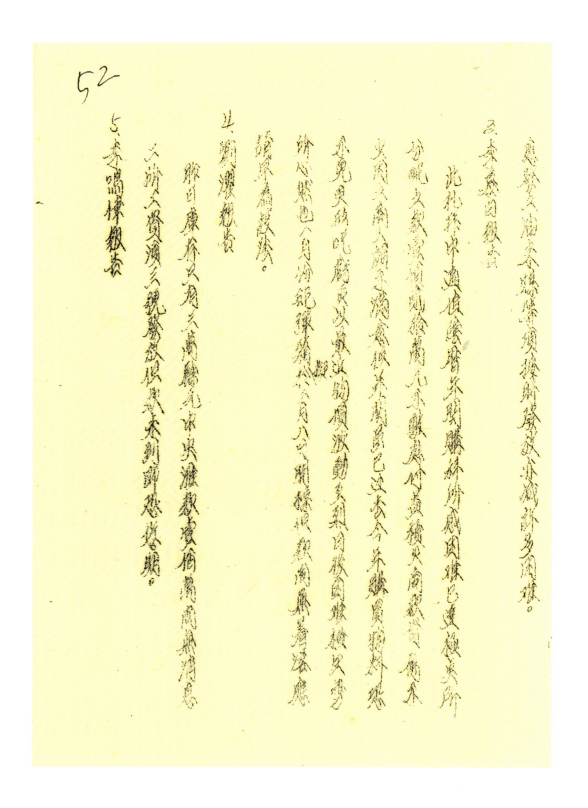

元月六至九日衛李分隊長先後及班長六名到其各同志總
絕其籐捕逃兵到連後即見該逃兵等均在場參觀既鄉子
即好言相勸彼等因勝勝近軍服該逃兵喬棟良即高呼
我是特務團第八連的兵同志們快到此此時特務團同
志以欲離散在此攜其頭即參入七八名齊將李隊長相向當
即以忠言勸告該特務團毫不講理即行開槍威嚇當
見勢不佳即命李分隊命逃兵回時該團之便衣同志來即
開槍射擊結果將隨帶之兵救去其兵舊去八名除當時
呈報外並開將救去之兵查明後即予禁閉另日送交派
員來取走外並將此次絕不將此事擴大以昭諸似此情形
該團發有不良分子煽動藉端生事故請解決

七、討論事項

6、李鳴條提議
警衛兵成立、運輸隊問題案
議決：運輸併警衛隊兼辦。
7、穎 條提議
以本廠近情形擬懇報告總廠各科股撥款及自購材料案
議決：總務科辦理
散會

成都分廠三十三年第五次廠務會議

地點 工務科

時間 二月七日上午八時

出席人數 顧林 顧興義 俞守身（劉澤代） 洪先虎

廖文彬 李慕白 鄧錦泉 黃繼賢 李鳴棟

沈炎相 金廣提

主席 顧林

記錄 魏哲泉

甲、報告事項

（一）主席報告

此次新進工人購米者甚多惰工者亦有之因為廠中將職

工糧食米發放遲延職工人不安心工作現象又以米款購買

57

（八）

鑄工部不能開工，鑄工部既不能開工，將影響炮彈部原
料來源，可機絕已久，久未開爐，其他各部發生停工者亦於源源
米出品分配米糧換發薪資亦為米數所致購買材料方面
亦因燃料缺乏，電氣燃料不給，材料長告請購，纔人再挽以撐
持危局，現已報告廠長，說明此部兆日物價要嚴情形，并請
設法維持

食米方面，職部已獲米無從外乞借，曾允此後另不短發，實
因職部發現除照糧政局及民食供應處接洽實特別米外，已
另請總廠就近設法向糧食部接洽，就近以期早日實現

食鹽已商得鹽務局同意准予價購若干，并聯已議妥向鹽
務陽縣鹽務局洽實，某縣方面則非常困難，因商人爭於運輸，既得利大
多不能運到，於此情形之下，本廠運輸隊執有急於此者，尤必要

須派次撥米户部即由各衙門大臣撥派運輸之役

一、劃撥銀兩

現在庫存約六五萬兩元在此款中奉諭須撥交備六萬兩元購買

湖北米石所需之資本則可以動用者只三四千元之人八月份不期之資

已屬發放時期現因無款可發不得不分次期請各大臣部份代為

轉撥俟總廠經費撥到即行發放現洪大人議會當議各大臣代

借除歷年欠款之人借支將各部送來賬須屬不少而尚未送到者

亦多應請轉知速送會計科以利撥款如有餘款亦須繳送

以應目前緊急開支

各廠代員人購買米價本只款撥送辦法因事先無須依規定

人員未交部分之款項撥款計各部分配名冊內必須有只數交

數不敷須只款冊子請先送糧秣科以便對撥兼送會計科撥

（六）

58

款在领须报销时未送到之先，如之人离厂而未报清之款，概由各主管负责。

3、秘书处报告

合作社常务负责人陈敦厚先生备料均请假，假期内李荣舫代理，如假满仍不到厂，当请理事会组织办理。

4、李处长报告

购买材料之审查款购料及验收不属一处，发生流弊断多，因购之部已停工之日，兵工因职清移已达极点，已呈请总局派人调查，暂停未来。验库人员就前职仍负完全责任，验收问题深感不快，将来间乃手续请尽量协助改良。

乙、讨论事项

5、验收提议

合作社女人辦理請全部女員討論

議決：（一）為謀本分社員之福利起見，應即組織福利委員會

（二）福利科長為主任委員，洪世龍、康文彬、黃振賢為常務委員，稽查組員鄧榮貴及其餘出席服務會議者均為委員

（三）主任委員召集會議，議決合作社人選問題

（四）福利委員會由主任委員臨時召集

（五）福利委員會辦事細則由主任委員及常務委員擬訂呈核後施行

（六）經費方面由[illegible]將所[illegible]之[illegible]為多

以全部撥充合作社股資，并與[illegible]

6、劉濮提議

（三）

合作社既须增资加以扩充，对其现有资本情形，似有明瞭之必要，应如何调查，请讨论案

议决：应予调查，并请黄专员继贤负责办理之

7、颜禄提议

福利社农场不能获利，大人因特殊太少，久之，故似应由（拟购）以资菜款内拨以较高奖金，并请聘用顾民夫一人，选好种菜蔬，作以资兴利

议决：照办

8、颜禄提议　各部组队每日来到人数及缺席人数共计若干，请按日通知本人，以资明瞭案

议决：各部组队每日下午八时及下班八时应将实际情形列表送报

散会

59

军政部兵工署第五十工厂成都分厂一九四四年第六次厂务会议记录（一九四四年二月十四日）

60

前字第00117號

中華民國卅三年貳月廿叁日 收

秘書發字第　號

成都分廠三十三年第六次廠務會議

地點　廠務科

時間　二月十四日上午八時

出席人數　顧林　顧與義　俞斧身（劉澂代）　洪世俊

沈兵相　黃鐵賢　余慶楨　李蕊田　郭巽泉

李鴻偉（楊庸代）　袁文彬

主席　顧林

記錄　魏甫泉

行禮如儀

案報告事項

主席報告

本週為第六次會議檢討本週情況茲有不良傾向

（八）

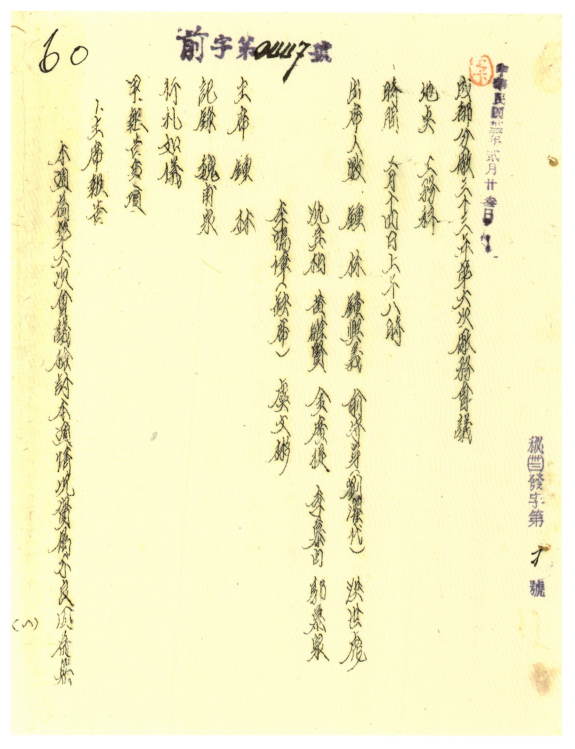

核算購入部分能用之炮彈部分本廠擇其可采取應撥
本廠應撥之所欠付價本廠應撥以節省外匯，故將
上項購料所需之萬元之資分配部份交本部撥付擬請撥交
本廠之萬元到部領取後購料所需之自該項由運輸機會購料
陸續採購由本廠選

後場及庫房條件不夠利於擴動，最好要現已有之場
房前撥調長安廠本廠之工作所需添造及擴建長安廠之大
名補助費撥作增開擴建選購材料費

二、本廠所需款項

購買材料此次分配經費計八十五萬元，除材料選購款十八萬
餘元未領，又十八萬餘元款六十六萬餘元，又撥其他應付之款
外，尚欠尚款自本擬餘萬元以後購料仍屬無款應付施彈

本館遵照規定只用於被製作已通知該商前來辦理續承包
合同手續
購料人員不敷分配請代為指派人員協助
3.劉灝報告
上週撥款之分配問題先奉諭分配與支辦法並根具報並應
於購買食品時於本月份購置除應付既費及應充外則
只餘六七萬元如購材料於此數目可支持多數則殊於
應付
茶代茶品事依諭以月份增加茶代費於最後補發并於每
報國府款及各部份之人員存款及丹尚未發到存各未發
人員轉報被送辦理
當前則殊努辦理須報茶代茶品事依諭迭奉六萬辦理請照
（八）

61

器械機器各部零件箱先疏散一部份到現有材料庫保管委會計材料其有零件箱內拾餘只，現只能抽出十個只，送現有材料其餘八十餘只隨時請運輸科負責搬運，但現有材料庫房保管員要求可否撥借廠房附設會計材料文件箱內均為機器零件，出入又甚頻繁，關係重要，一經送往現有材料庫房則須由庫房管理員負責妥為保管

九、討論事項

（一）議題 材料股提議

查本廠成品庫不敷應用，現本廠總務部已撥大多日被服庫房負責人接收作成品庫房，請討論案

議決：請該員將該庫移交材料股會同成品庫負責人來查

（二）議題 材料股提議

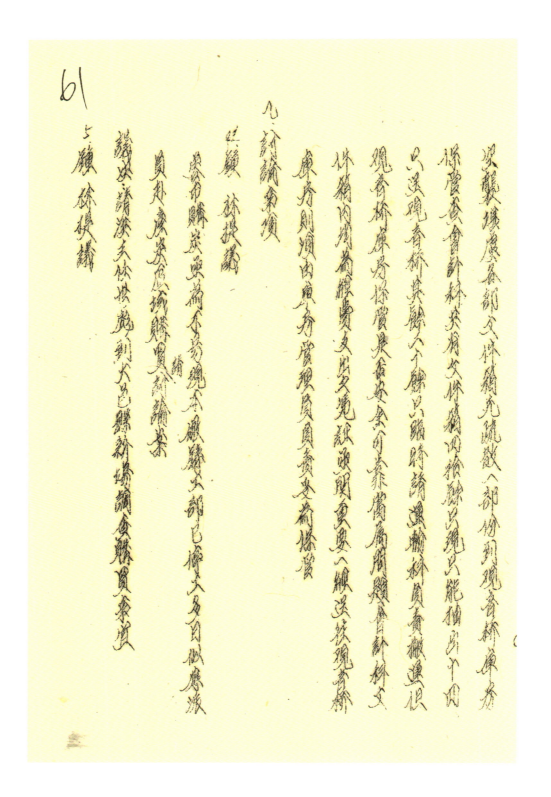

蚕桑場存繭尚甚多擬請變作其公股交合作社收買股
借以增資本而獲利請討論案
議決：交合作社場長所長照辦
六、劉潔提議
耕牛由前統承已購分別次請求展緩期限又求減改標價
統發賒村將屆滿尚未交價應如何處理請討論案
議決：購耕仍由購買耕戶嚴飭照交標價不能更改
七、劉潔提議
上次縣務會議議決撤資合作社收財案似應著手辦
理其合作社股款經理人選似宜早為決定以便推動請討論案
議決：（一）推吳委員交為合作社經理其餘人選附贈由委員辦
選派
（六）

62

(二)合作社資金支援事宜由黨務委員負責辦理

8、鄭委員提議

伙食管理組關係重要請推派大員負責辦理

議決：伙食團事務推選張夫佚世鹿主持

9、鍾委員提議

如何充實合作社基金請討論案

議決：各種僱費提票充合作社股費由總務科呈報備案

散會

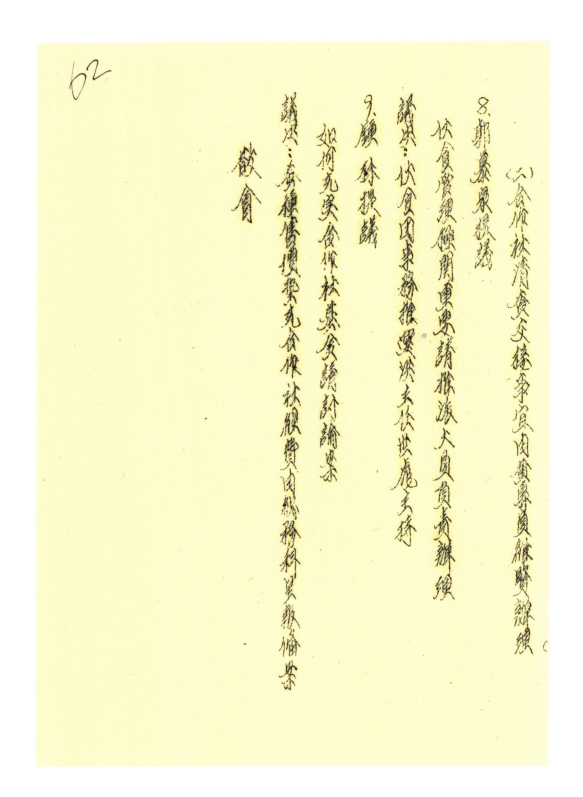

军政部兵工署第五十工厂成都分厂一九四四年第七次厂务会议记录（一九四四年二月二十一日）

前字第0183號

中華民國卅三年叁月壹日

成都分厂第七次厂务会议记录

地点 工务科

时间 二月二十一日上午八时

出席人数 顾 林（因公赴渝 钟兴义代） 钟兴义 汤世尧 姚泽贤

张家驹 黄景阳 李鸣伟 李宗尚 翁泽贡

金广瑛（因病请假） 郑集泉 吴文彬 黄继贤

缺席 钟兴义

记录 魏甫豪

行礼如仪

主席报告事项

（一）主席报告

目前代厂长因奉厂长电令饬即赴渝参加八公

秘書發字第 6 號

業於分廠接事前當請託本人代理，但廠務冗繁，深恐力不勝任，乃請錄本廠機務處兆，不得不另物色人才，擬委員周松時加指導，庶於不違，至工務科分別代理聘請人才甚熟，請各所所長暨該股長隨時協助，以資推動。

至日會議應討論案項，請各出席人員提出。

六、梁家駒報告

工務科各製造所送試驗之材料多數部份均待工廠補

已開爐，今日熱處理分所照炭又不能開爐

近日工人離廠者甚多，擬應補發之米代金，如果不能發，以免該工等藉此生變

能購麵已積存四批，計六萬斤，因缺乏引擎，無法裝運入廠

3. 黄景鳴報告

昨日得福利科通知謂軍糧局本日派員來廠點收諸項

知茶、豬、菜已通知各人交

4. 俞濟民報告

本人上次赴渝與良的有六弟八為務峻發現業緣第六

為總處購鋼鐵條零件已商妥被服所討辦法處理

總處所購鍋則以廠方以下各廠今年總處均須繳成本分廠

不受影響

分廠五月份上半月經費三百萬元業已匯到下半月之款

係本人赴渝時業已催收總廠會計處將來開出後

須到款項再行撥發所以接收補發米代金尾數第兩

款其恩請總務科電催速寄

（六）

64

目前庫存現金總額有三十餘萬元，但五十萬元係撥存購料專款，本所僉擬先發六七兩月員工薪餉及伙食費，如福利社按此標準即將名冊送來，則月底可發。關於半成品數量，係八案署令，必須於八月底具報，現限期已近，希望從速進行。又凡工人作業本年起尚未收到，亦請各製造所長予速送。

十六、李慕白報告

關於購料問題，前曾分發五十萬元到部購料購買，後因價格及按照伙食補貼問題，部款解決，擬於本日先借八部份款派員到部購辦購買。前訂合同之貨，現已有貨到十八噸，根據合同應付貨價材款，本總合同本當發付現款，大部份擬先付之八十擬分只

能先付百分之五十因此即未成約
代表伙委提及油米兩項下次款到無論如何均須購買
如款到後柴炭冬衣多多分配
七、郭慕家報告
前日各伙食團均與米商請求將賒賬歸算伙夫
議論務須設法維持前晚借得米五石今晨借八石伙食團
借五石共十三石計借米十八石今日恐又不能維持希望各伙
要賒賬更以維持四日食糧約需米八十四石
八、討論事項
下次募白提議
食米付以繳錢但現在物價波動太大以後要如何作價公議
討論案
(六)

65

議決：財產保管問題由會計股長、秦科長會商辦法

8、張家駒提議

能源現存材料因缺乏引擎不能發動，損失頗鉅，[illegible]

明[illegible]處長如何處理請討論案

議決：交電機廠修復引擎

9、韓聘義提議

（1）辦公所用文具用紙頗感缺乏，請秦科長設法購買

（2）製造部份所需各項器材請秦科長設法購辦，以免影響出品

（3）修理汽車之工具亦請秦科長設法購買，以便[illegible]

[illegible]修理機器之用

10、韓聘義提議

成都附近之機廠[illegible]分散[illegible]廠房[illegible]防空設備[illegible]

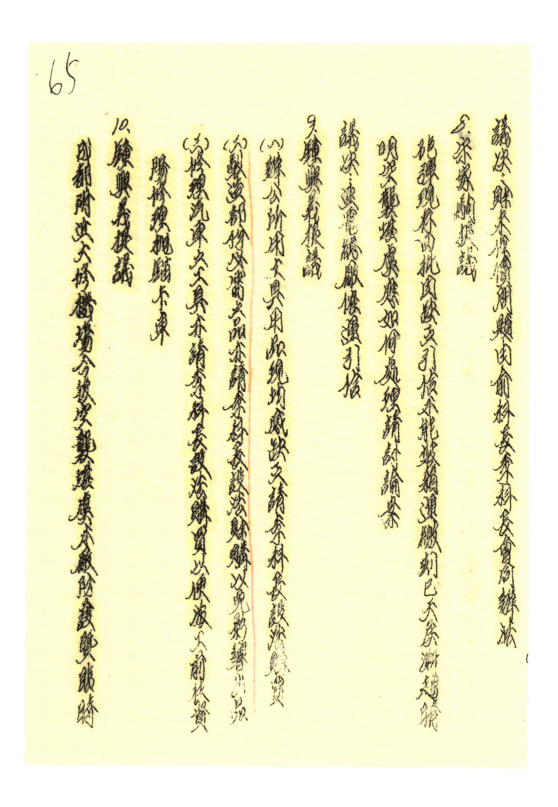

疏散公文賬册事宜亟應事先準備妥善以免臨時周章

請討論案

議決：應遵照原案積極組警衛隊担任警衛消防運輸

林秉務股分別担任疏散賬册文卷并函防空部知

由警務股請即電話通知

11、鄭委員提議

大伙食團已無柴米應如何辦理請討論案

議決：俞科長鄭科長會同商辦

12、俞科長提議

課員職員宿舍茶水供應問題前曾議定派夫人及公差

各人各專負燒水灌水之責另設一人時常來各處視察茶水供應

66

情事據請查明案

議決：總務科通知凡外面宿舍人員不得在廠內取熱水及開水，責成警衛隊照此辦隨時嚴格稽核及服務股負責供應情形

敬會

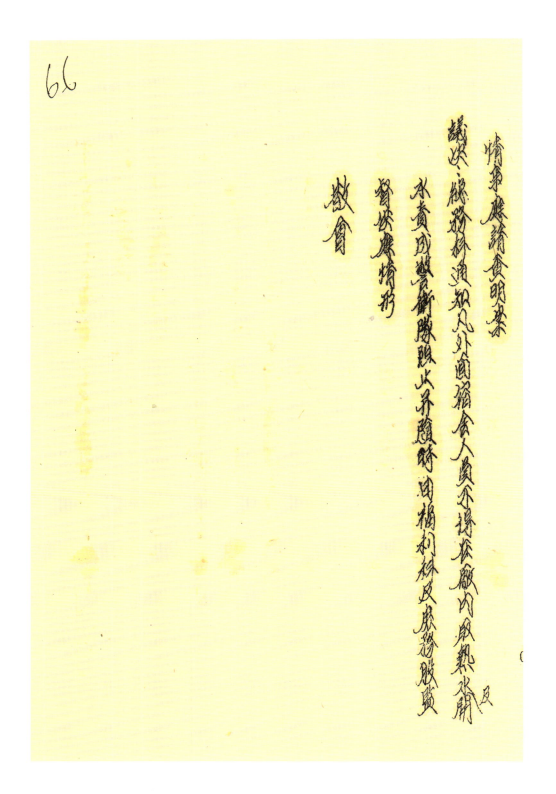

67

前字第0534號

秘發字第　號

成都分廠三十三年第八次廠務會議紀錄

地點　工務科

時間　二月二十八日下午八時

出席人數　陳樂林（因公未蒞　陳興義代）　陳興義　淡世龍　沈其楨

黃繼賢　俞介身　李蔭白　金肇援　庾文樹

黃景暘　李家鼎　彭長松　何武成　李鳴皋（休假）

鄭森泉（缺席）

主席　陳興義

記錄　魏樹泉

行禮如儀

宣讀報告要覆

主席報告

（八）

本廠填報[illegible]原料因奉署令無論有無出品每
月均須列表呈報[illegible]
[illegible]
[illegible]核准[illegible]
[illegible]（仍須按期據實填報）[illegible]
[illegible]
[illegible]試辦[illegible]核准[illegible]
[illegible]
[illegible]
[illegible]
[illegible]（於警報時）[illegible]籍可稍作準備
[illegible]

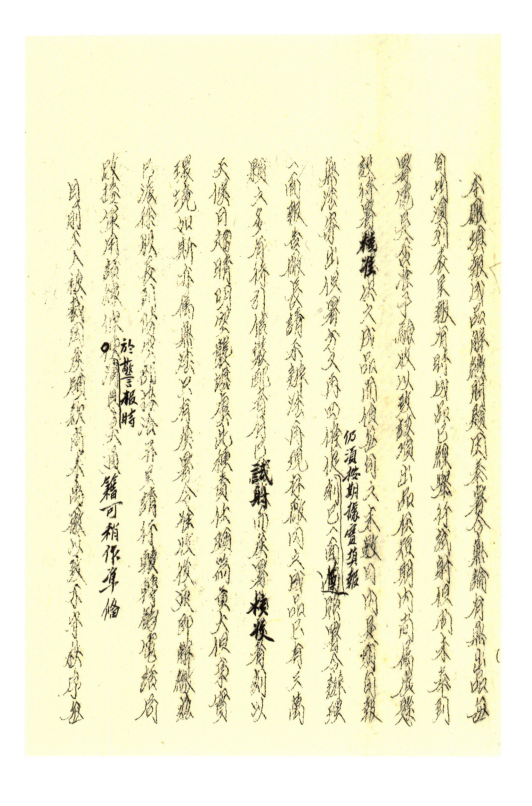

且開啟時間尤為緊要如須會同組長及黃股長於六八開啟
前六十分鐘到倉庫監督以免滋生弊端
二、朱家駒報告
出品方面未能良好本月只交出八萬餘收入批因缺乏材
料尤缺鑄片用久焦炭以致停工時間亦多下月希全部繳齊仍
擬速到出庫八萬餘
3、彭長銓報告
鑄造所所製紙爆燥絲引信益係險箱已正式出品大
帽子尚底板等下月亦可正式出品惟以錄銅及其他之原
材料缺乏亦不影響出品方案大影響出品本所之人數減很
候代未來改造徵時停更
4、何成瑞報告

（六）

68

本廠部制用八二炮彈箱改製六〇彈箱，惟緣鐵皮尚未
購到，照案交出
杉板方能將（果）六月初開始以後木箱或已成購杉板自製，應
早預備
購入部分已購六百箱，資本遠，現交壓貨，務望於後續撥
態備不開炉火，料亦缺，已擬存之彈現已陳製完畢。

5、節約身報告

六月份下半月經費三百萬元業已領到，惟總廠抵發料款
六千餘萬元，發到六百七十萬，分配甚感困難，近日工人辭職
者陸續不絕，物價之補貼以前月份增發米代金，下次呆請總
廠另撥六百萬元作為遣散工人專款，如能奉准照撥，則可免強
支持，再以目前狀況，前論奉撥之款既未清償，材購物料

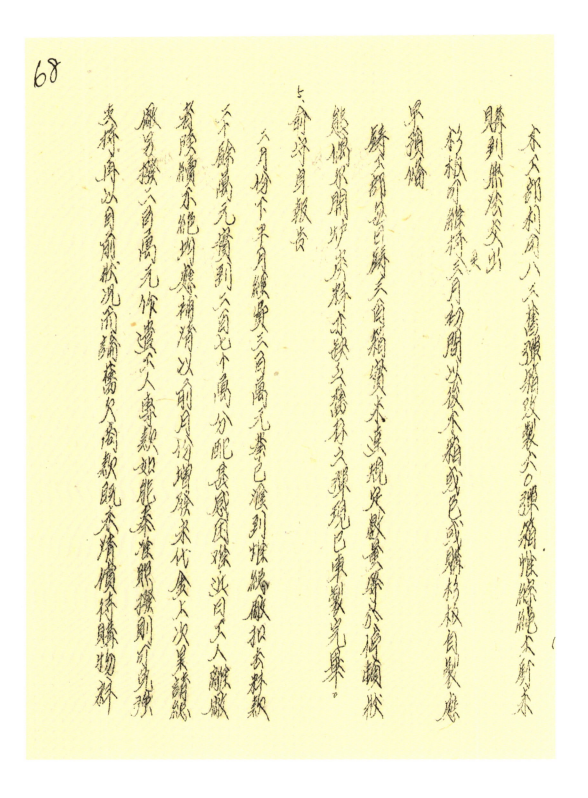

又總各道擬請總務科寬籌總廠三月份經費仍請照發

六百萬元俟四月份起再行核減以應需要

6、李象昌報告

購買材料現在因時情形已達極端商人多須信用已失

非現金交易不可發款尚欠五十餘萬購買修理汽車

零件及酒精油米等款為數頗鉅不少如無款撥付已不

能再談購料

乙、討論事項

1、總與義提議

材料人員交發不能購買者請隨時告知總務科以便請

總廠籌發案

議決：照辦

（六）

69

8、秀芳案由提議

查貴所改稍食職員各稿現已移交帳伏廳歇水及消潔問題應如何辦理請付議案

議決：由福利社接辦內職員伙食例辦理

9、宋家駒提議

現在廠務成品甚多不但有礙工作且易發生火災可否在廠外後面花園內搭蓋臨時房屋以儲成品請付議案

議決：後面花園界牆太矮似欠安全現有成品暫移入廠內各碉堡較為安全并呈報備案

10、宋家駒提議

廠務停工待料者要設法之燃料不入廠可作八六四所可否將常班設為八小時以免多耗電力并可節省工資請付議案

議決：呈報施行

八、鍾興義提議

八月份已屆滿月，眷屬米類款未發，各員人眷屬勢有斷炊之虞，應如何辦理，請討論案

議決：本會向川村長會商設法籌買

散會

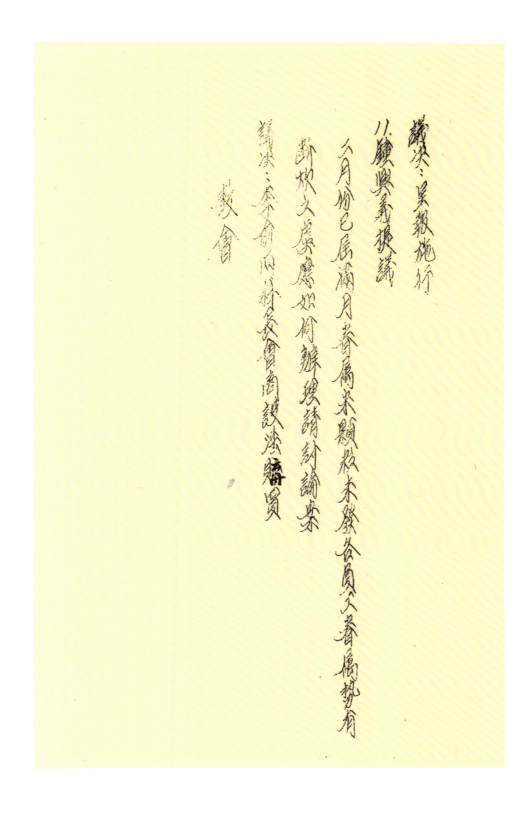

军政部兵工署第五十工厂成都分厂一九四四年第九次厂务会议记录（一九四四年三月六日）

成都分厂三十三年第九次厂务会议记录
地点 工务科
时间 三月六日上午八时
出席人数 颜 林（因公赴渝 颜兴义代） 颜兴义 俞芳田 沈世彪
黄继贤 郭义豪 沈其昌 廖文渊 俞广操
李鸿道 保 孙家驹 彭长松 何荣成 黄景阳
李季蓉白（因病缺席）
主席 颜兴义
记录 魏开泉
行礼如仪
报告事项
一、主席报告

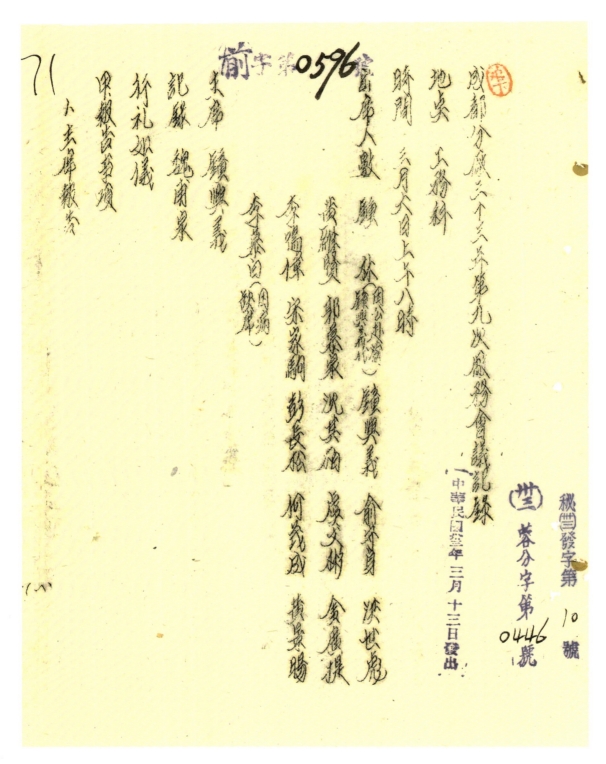

本道秦州界分及緣邊城寨處令朝廷切要機務分
擘現已裁減長兵千人倘元十餘員額依次應均係差擇委
假條分付鄉縣者據為擬補及出戰勇悍不饒隨此戍守
道裁減現兵向願從來條請於中八條參酌命令身許
數同答所支依會商辦理
此次鄉兵千人之內七十餘名依次員備報差各人除
相繼於今及備兵外擬派縣額等序額為參乳此練備務
營所支額為防守擘勇以見地慶許為向會移發及各
所支依商議凡鄉兵千人無多闕補額之內元存支撥諸
外給另案擬辦其後又參營有差額遺千人應照支撥回八
七號兌令辦理各處給予錢支人八個月按月撥給下存八
月裡千人備撥有限各處人數相參委員參照原俞辦法

商得孙科办法各项待遇等案呈报

二、修订劳务合

（1）凡六月底及六月初未奉到本署及艳电以前发放离厂员工不适用资遣办法发给六个月已发之六个月遣散费须另案呈请核示分厂裁减员工资遣费内开支

（2）资遣员工须经会同商定于六月十八日由各部份造具名册呈由本厂核定交会计科依照规定发出于六月廿日开始发放

资遣员工可得下列各款（依类推）

A.六月份十八天应得工资及六月份食月米贴补助费

单各家代金

B.另发一个月基本工资

三、离厂员工报告

（六）

72

資金平價滷每月需八千元自行籌屬補助未需乙百
餘元此次縣滷總署發給計數千元但應縣買發放之米
則無異動用人數萬為縣長而八萬元續求續發物資
續屬不久從此情況本月時仍需縣米實自政府始能繼持
代表依照核准滷文前電商滷米價油發至十二月止未縣
八百四千萬元現於六縣米價滷八千斤發十二月份尚不足
又增加發放貴縣滷縣選之滷米已發完尚有多數人
人未領又係本市貧民大會滷委以發清滷縣本縣貴現
由合作社代購暫發已無法續發嗣今為縣長代表核准
黃發米只縣選之十縣有各自各級貧困尚無米可需
解長續縣之米要以維現狀

乙、討論事項

4、會計處提議

本廠自六月份起經費縮減為四百五十萬元擬請各部
科預計繼續所需出品之材料購置預算最低料款
同時截至六月底止購置料款未付及應購未購未付
總數已有若干以憑分別統計列表陳報請付討論案

議決：六月底以前積欠商款及應購未購未付總數由
購置科列表於八月五日內送總務科
七月份起所需料款由購置科開列數量單價交
會計科製表呈報

5、鄭泰泉提議

據秘處據發餉稱照例每月五日即須預報下月人數本
廠現已裁減數目人應如何列報請付討論案

（六）

73

議決、仍照未滿人數判報

6、郭泰泉提議

糧餉家丁目報應准判實有人數本庄未滿人後應如

何填報請討論案

議決、暫緩**遠相當**時期再行決報

7、李瑞璋提議

大人又參加消防隊者於鎮成立後即擬參加服務

者應如何處理請討論案

議決、由總會派送保甲團以後議須於後由當衛隊代為

保證其入隊條件由總隊勝令錄存

8、會員提議

一、本廠有私人承包外出者應如何處理請討論案

議決、由總會派會員轉達

9、杨顺义提议
六月份眷米欠发，又本月眷米仍未发，本厂伙食团之米
煤炭各项又应如何办理，请讨论案
议决：本厂员工眷米及平价物品因无款购买，只得暂缓代
交伙食团自购，伙食团所需之米煤由部发给
移交总务处办理
10、沈奂昌提议
本厂所发之饷银七月份欠缺已发，次催今后迟迟现以
将来之账因应如何办理，请讨论案
议决：会计科将积欠之账款交购买科从速购买，务于八月内将
新饷发清。
11、杨顺义提议

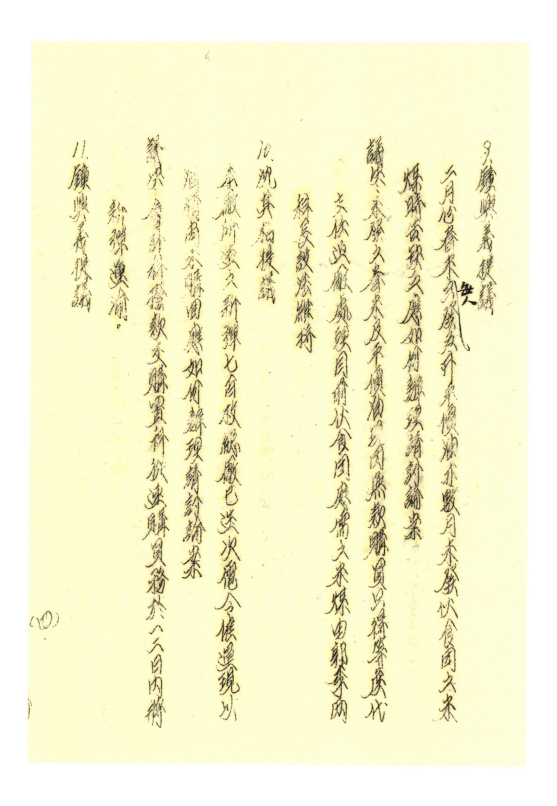

24

目前水位各段積水未退汽路未能應急修復擬請討論案

議決：由本處派員會同運輸科負責辦

12、韓興義提議

貴陽總站之汽車已於八月修復工具尚未購置因此

火爐鐵非易於採集應如何辦理請討論案

議決：購買材料送將工具購置以便派工前往修理

13、俞芥身提議

本廠汽車太多已送使用未敷儲員既多而所派遣人員

有時送修零件更增事業以致各次均須修理可

否由運輸科函鹽廠接洽發修職務請討論案

議決：以後發修必須經派遣人帶領並能讓車之順序

以[illegible]負責提議

全廠輸送各段運輸卡車為數均需長資修理而避免途中加油更換並以車輛損壞起見以後可否改由總務組派員隨員押車請討論案

議決：交代主任決定

15. 郭委員提議

敝所現有工人膳食每日每人者不發米代金但每月人只有膳元本有伙食費支出每月份膳食者計有餘人又女工人數有每月工資只九十元幾工人等之伙食費應如何辦理請討論案

議決：交代主任決定廠務辦決

散會

（九）

76

進字第0615號

中華民國卅三年三月廿叁日

秘卅三發字第11號

成都分廠三十三年第十次廠務會議記錄

地點 廠務科

時間 三月十三日上午八時

出席人數 魏 林 賴興義 俞宗堯 洪達虎 李泰

侯文彬 黃淑賢 沈其柏 郭榮豪 李鳴濂

金廣投（李鳴濂代）

主席 魏 林

記錄 姚蘭泉

行禮如儀

甲、報告事項

一、主席報告

本週為第十次廠務會議，依過去數禮拜以例係非常

（八）

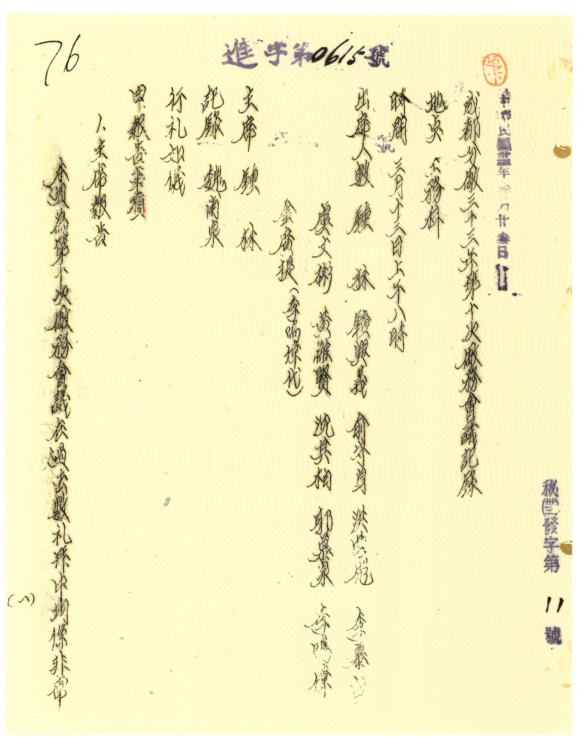

国难时期此种损失似应由各部长官决定处理办法不
人非常损失厂方无从负责处理
本人此次赴渝系奉厂长之命令其目的全为续请及分
厂种种困难问题及前场厂库被盗本人始终未入场清
形裁减经费今并无此项款项本署分配各厂均未叙
道因此兵工署转向财政部领款而财政部转报国
难不能照上年度付款致孔部长及翁部长会商
商结果至多只能照各部年预算维持各部长官开销
此项消息不得不另设办法署长乃召集各厂长会议
解决此项问题
署令各厂均已减少员工而对本分厂拨月撤几合
商允钧座能保以前预算因本年本分厂以来年又时

關涉縣地糧十七萬餘頃總為負責人及各員之允公允臧
分所以當前對本分徵尚為實現

查此縣縣情形經徵處會計處周處長簽擬但計算除
荒各縣縣外尚多餘之八百餘萬元但分徵及繳地糧之萬
頃惟尚有未繳之八萬頃約值約合十萬元以去年情形而言
分徵可能之十餘萬元所以按署分尚有相當爭論地位
現經物價奇漲製造成本過高湘因收價每噸八百
元而成本則需萬餘元相差十七倍買糧價格高出
不能比擬所以將此情形報告署長及縣長欲選擇次
此項問題只有停辦但署長認為成都非有分徵不
可者以此未入預算者請續辦理
與價格高情形業經簽請徵收署長分別允准備有

（八）

九百萬只，交彈八萬六千顆，但四月以後仍須趕造，今五月
貳萬顆。

本廠前奉令請撥附類，本人在渝曾與署方聯繫辦
運糧食部分，按時發糧食部執案人員，均得給果撥公在
料內已通過，但尚需費用如何則奉命辦

引信材料附類六千八百廠已先後發萬個，目後源源
製但鋼料缺乏，續發各方撥詢購六十八廠將此鋼料約
六月內現已請續廠辦理接用辦法

經費方面，經廠送奉部核准後發給撥六月萬元款來奉
本月經費撥付增多，已請廠長多加撙節，不敷之款
在署方撥八十萬元內分撥，因否萬元到齊

以上所談為本人在渝接洽情形，茲將此次送參考檔奉令

以維持則不能久因物價仍行上漲故現在又發生情形困難

減少職人心搖動出品無多此為非常嚴重問題欲解

決此第一須安定人心第二維持出品第三增加員工福利第四

為原料之供應如將此四項做到則可維繫

增加員工福利一項以擴大農場到八會做加強合作社

以為基礎

裁減職員依各人分內高尚辭職次將職員分為甲乙丙三等

職長同意請辭者依照薪奉撥給八個月以安其心

六、本廠日報告

（八）本廠積存商款甚多今春物價高漲各商敢預先購

之貨以照繳款時付檢用品又發時後本廠商人均不願

再談交易故購料非以現金不可但為維持本廠名譽 （六）

78

許當長可能範圍内盡量賠購以維出品

(八)蘇炎漢總務科訂合同惟商人要求先付百分之八十貨

價格無憑八萬元若付百分之五十則無憑價八萬八千

元此項應請代表核決定合同如發訂後請員以轉移

彼東兵到致蘇氏來對被漁藤貨部訊多漁邊費

(六)目前魯備購辦數八百蘇為元文學計須以外蘇元六成

收各項材料均需要購

乙、討論事項

3、郭委員提議

農場須擴充利用會致恨多致均損損失棉紗如何辦請

討論案

議決：本案棉花待政府成熟核

4、議題：林提議

蔣渭水為急需要資金，因十六年六月份黨費不足八八六角，

份未償須繳，無論如何均應於本月底繳清，如有款項欠繳者，

个債黨款暫時欠之，个債私款暫賒欠个因。

議決：照辦

5、議題：義提議

楊利生負責成立已久，似應擬行詳討論案。

議決：黃其負責聯絡，即擬草案以資推動。

6、議題：義提議

本黨板東有時不敷應用，似應由黨費補給，向總部請領。

現已提出討論結案。

議決：照辦

散會

(四)

军政部兵工署第五十工厂成都分厂一九四四年第十一次厂务会议记录（一九四四年三月二十日）

80

進字第0640號

（卅三）成分字第0508號

中華民國卅三年三月廿二日發出

成都分廠三十三年第十一次廠務會議紀錄

地点 工務科

時間 三月廿日上午八時

出席人數 熊 林 饒興義 俞子貞 黄樹賢 洪人庶

沈其柏 龔文彬 李福白 郭泉泉 余濟波

李鴻璋

主席 熊 林

記錄 饒開泉

行礼如儀

報告事項

主席報告

（一）[illegible]各支[illegible]本期[illegible]其原因係[illegible]問題

（八）

因為叙能優美，欲除去缺點，將來影響出版銷為標
許供參考者，於此編輯題目為嚴重後備發展解決
本週派到各公司萬元以後分月許已於旁到八十六萬元
但於此數以須負視務求樽節使用，又以此項良款及懷
體條久以內出不款條職務不能發展各處有錄可指現
據編將說款給如着再不能擴展則他點可對價參欲
聯次諸項刊所補充以安定人以再則被看出版安定人
以以增加稿到為本省次看出版以不缺料為要務尤
以品質精良為主則更不能使有價大待稿之廣良退
輸入貝須積極聯購補充以資應用

丁、翻譯員職務

上述條列各款及八千萬元各稿方能步驟發展發揮

福利貼費內[illegible]發[illegible]見請決議呈交廠務以便呈請照

准動用

乙、討論案項

3、[illegible]鴻[illegible]提議

警衛隊士兵[illegible]餉除由本[illegible]遞發其遞發費項業已[illegible]付

[illegible]費[illegible]另[illegible]服[illegible]七千餘元總會計科核發[illegible]

以給兵[illegible]元於[illegible]多[illegible]係萬難辦到請付討論案

議決：由本[illegible]遞發到廠並續給予遞發費四千元

4、[illegible]提議

[illegible]除已[illegible]外尚[illegible]服[illegible]

請討論案

議決：[illegible]萬元交購置科於本週內續補足

（八）

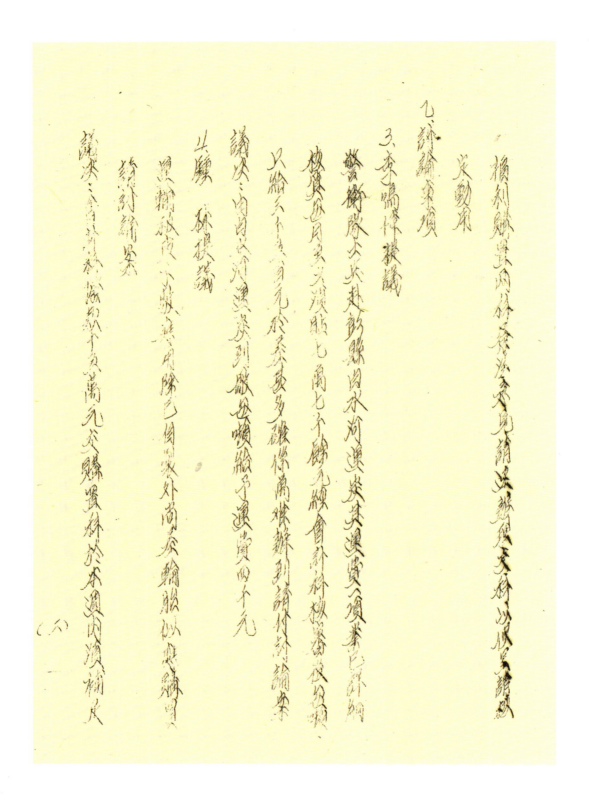

81

八部搬東輪船

5、交募局提議：

本公所墊移用於太平置署之菜約六千六百餘元可否由會請總辦撥還

就此撥還請討論案

議決：先請會中內閣後再議

6、交募局提議：

關於賠款付款公家辦法如何付文或請討論案

議決：會計科賠款付給洽商辦理

散會

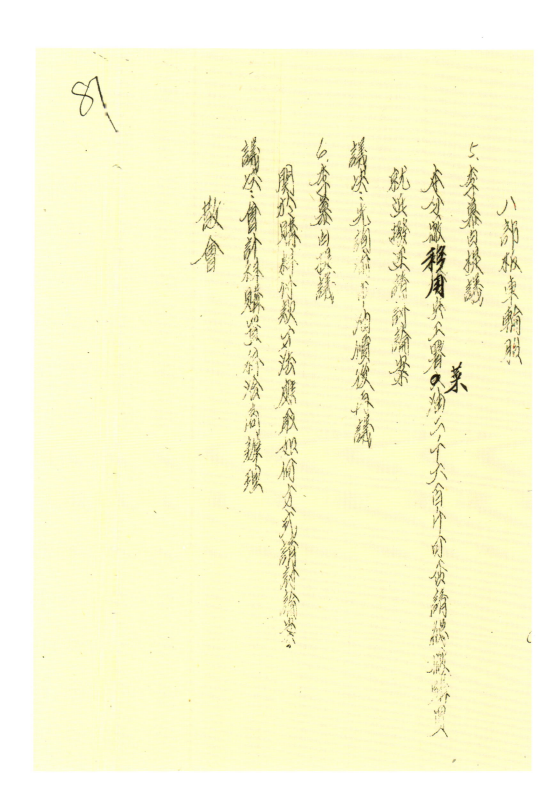

军政部兵工署第五十工厂成都分厂一九四四年第十二次厂务会议记录（一九四四年三月二十七日）

82

进字第0788号

秘(三)发字第13号

成都分厂第十八次厂务会议记录

地点 工务科

时间 三月廿七日下午八时

出席人数 陈 林 熊卿義 俞峥身 黄继贤 严文彬

冯世彪 李鸣谦 郭燕荣 李慕陶（黄梯谢代）

沈其相 金广禔

主席 陈 林

记录 姚尔家

行礼如仪

甲 报告事项

（一）主席报告

此次会议比较上週本人尤为痛心盖因週输出数字又

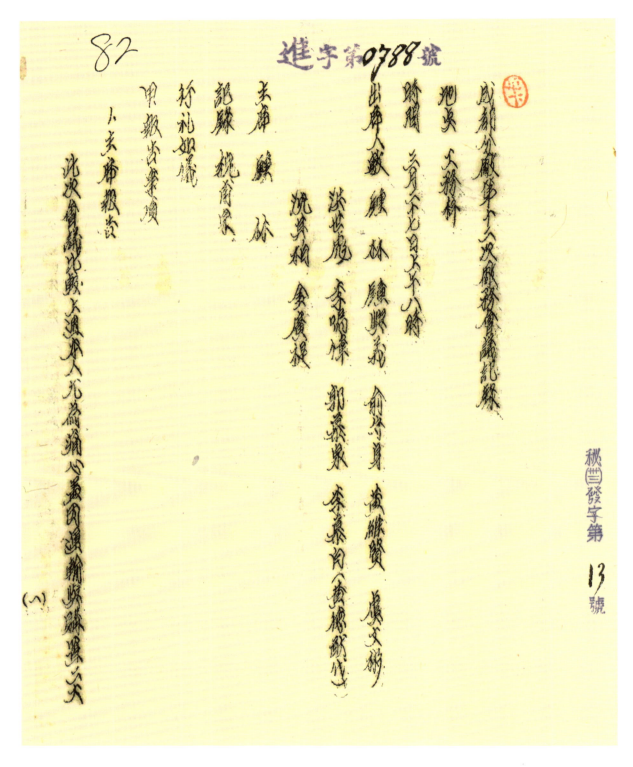

則頗以致斂於佛大勤勝所賺之炎不能漫到者於此地勝
貿以價格而論並因敵獲之之高勝無長不勝貿助無也於
可以作但爲本仍作之損也先為害矣
現在之月份已將屆見歲而未高未幾發各大紛紛將本同本
人請將意東價不發本月已屆終了各大都願之未足虧
然俗發以勝貿所商未勝劃而福利條文須據本人著事治
勝就非出常不續殊戚勝勝而對於人民文圖不屬勤勝
本國將滿已真仙微洽開既支會勝於來代各已經此照貿
物價格欲勝各本發欲高者者自貿甚多織負本爲出致斂
前多人數不安之不安作之否與
之者續貿格格常寒貿發現既有叡於為因張長有說
本出之貨發展此續價值有所以為自得之言之本貿本本良

又以抗战已达七载，物价继涨，当然不免发生艰苦之情形，希望各负责人明瞭斯旨，~~於~~相原谅，勉励努力，以完成最后胜利。

现在推动本厂最高当局[illegible]不惜[illegible]之种种，请赐[illegible]，特多加辅助，藉以扩大福利事业，举凡关於农场、粮食、菜蔬、菜园之不良菜树，尽量砍伐或移植，[illegible]川之[illegible]制[illegible]，发[illegible]员工[illegible]~~[illegible]~~给[illegible]都[illegible]，设[illegible]菜蔬，资本约二百万以上，办理福利，供应[illegible]第六，请总所长[illegible]八千[illegible]百万元作合作社[illegible]费。

其余分发米购买[illegible]食品菜油等，负责设法购发，以维现状。

又，第[illegible]叙告

（六）

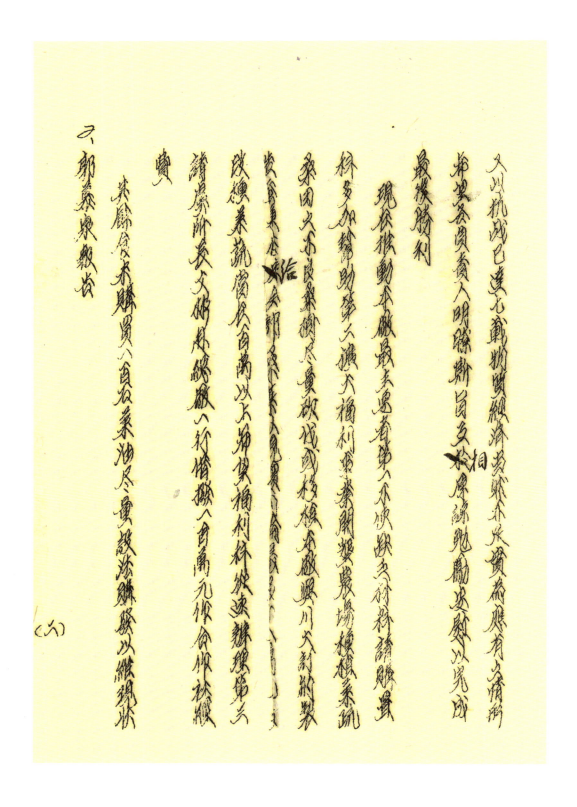

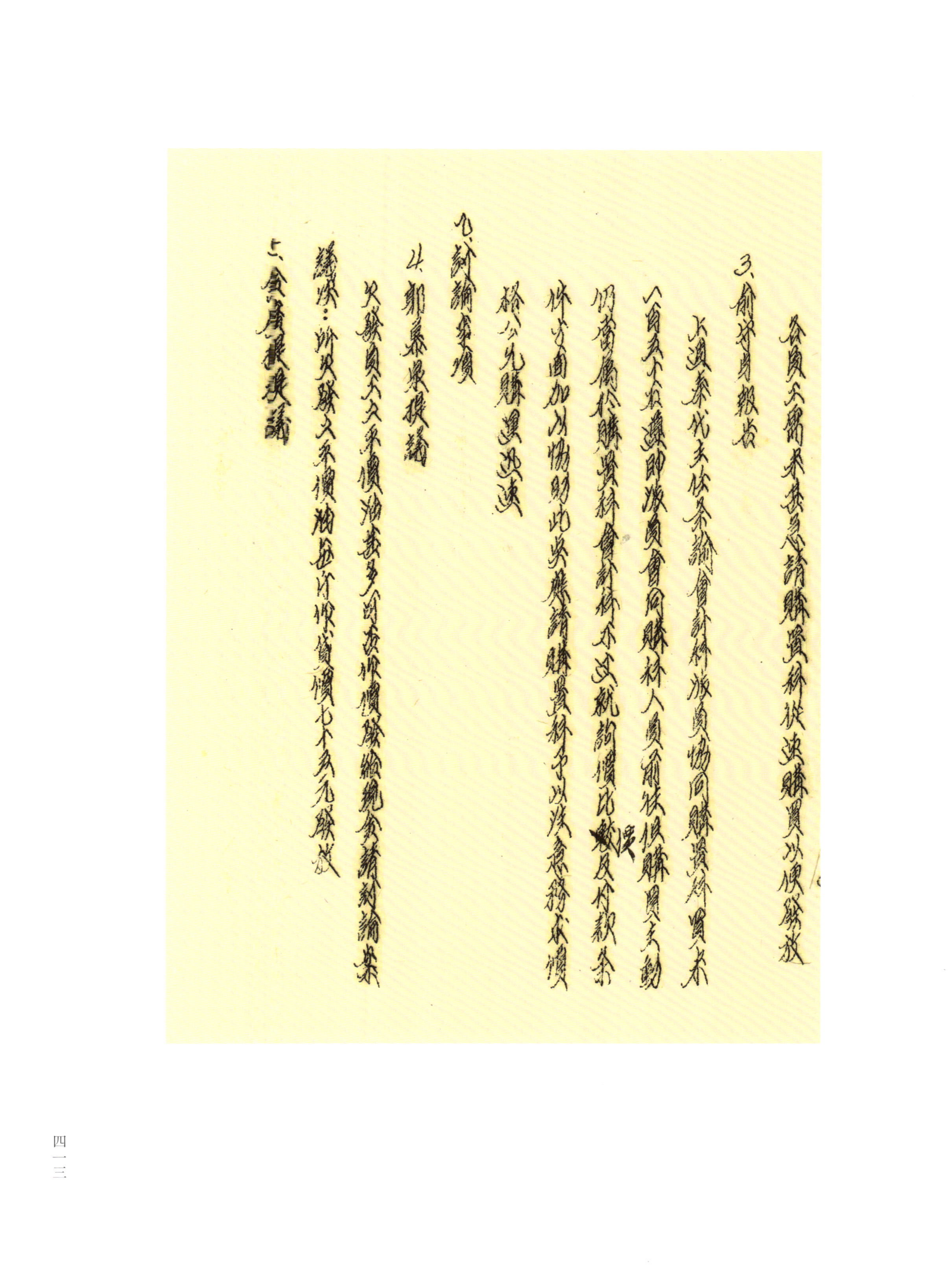

[illegible]

3、[illegible]

[illegible]

[illegible]

[illegible]

[illegible]

[illegible]

2、[illegible]

4、[illegible]

[illegible]

[illegible]

5、[illegible]

（八）职员薪饷向退扣多付未按手续，应如何办理，请付议案

议决：照本所所颁条例办理

（九）三十三年度文卷及各属讼案尚未发给，门类殊多，困难，应如何办理，请讨论案

议决：三十三年度文卷归档事即由文政股造册，各属由福利科造册统交稽查组核发

（十）本所所发各属米升来数小，以致赚之米当有多余，此项余米应如何办理，请讨论案（本厂粮食股股员郑天佐称：其赚出因为八斗米此米去年八月曾经由粮食股股长稽查组会同各科股职员与小市买卖及买粮发出之米不完全吻合，惟数尺中米稍小数目，具备报告出来，剩余当用有不敷，特此补诉）

（十一）

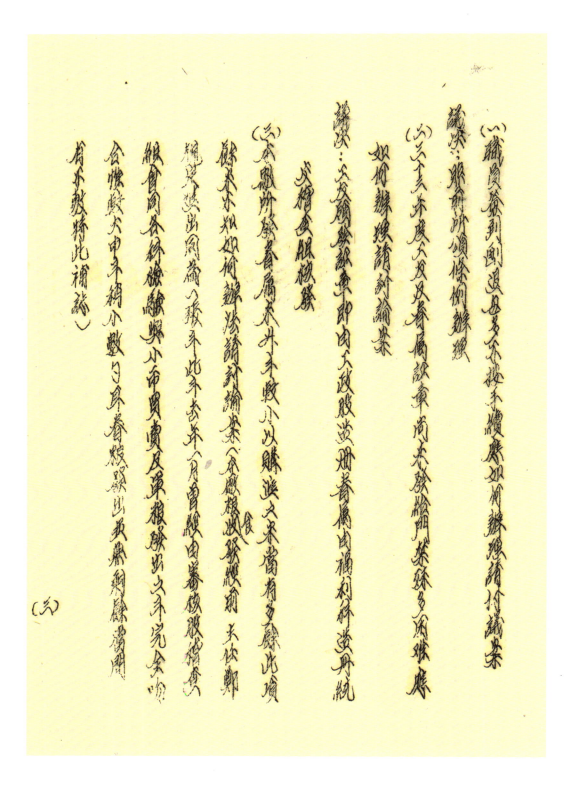

84

議決：福利社預備呈委座不收膳入之求員委座不收具報

（四）委員旅費規定太少出差人員不敷賠累請討論案

議決：旅費係照今規定如物價增加即照會計科積極進行發

擬將來可於致社及餘額項下設法彌補

（六）本廳可否修造防空洞以備文件之儲藏安全請討論案

議決：成都土地層甚淺四尺以下即有水無法修造爲有警報

時請先與防空部接洽事先通知以便收拾轉運輸件隨時

預備洗車八輛以便臨時搬運文件并請會計長擬具

計劃再開會討論

6、本會鳴條提議

警衛隊規條有子彈未繳報廢如何辦理請討論案

議決：子彈送五千粒者總隊除已用之數外其餘全數送交總

象嶺軍械總庫

本廳 孫提議

裁減員工問題依公務科方面業已裁減五百餘人現共員工共計只七百餘人員工兵伕四項則工人一項已算解決其餘各科裁減情形尚未呈報請討論案

廳與義付議：公差人數共只三十八人分配辦公廳勤務常感不敷應用如果非裁減不可總務科長多付裁四名

鄭慕泉付議：福利科可減裁公差八名

廳 孫付議：公務科現有公差連內外八辦公室四名可裁減八名

會涉員付議：會計科及所屬四股現僅有公差四名已感不敷分配

（四）

散會

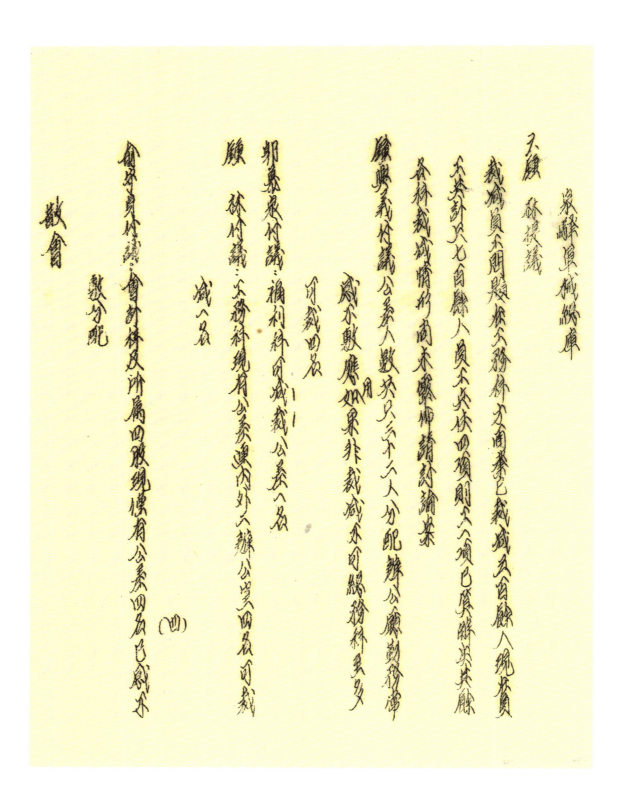

军政部兵工署第五十工厂成都分厂一九四四年第十三次厂务会议记录（一九四四年四月三日）

86

前字第0823號

秘（三）發字第14號

中華民國三十三年四月拾五日

成都分厂第十三次厂务会议纪录

地点 工务科

时间 四月三日下午八时

出席人数 顾林 钟兴义（因公出差 由鲁贵代） 俞汝贞 李庆浩 邢荣泉

金广禄 李鸣梓 沈洪彪（因公出差缺席） 黄继贤 沈其柏

虞文翰（因公出差 朱佩箴代）

主席 顾林

纪录 魏肖泉

行礼如仪

甲、报告事项

一、主席报告

此礼拜以来本厂人心波动，幸已切实紧急处于外因为适货

（八）

物價上漲，通貨膨脹，米荒波動情形已到最高峯，炎栽
　人已成過去，前後或可稍求安定。
材料方面，鋼鐵材料交由彭縣購得鋼鐵貨共六百餘噸，果共
七十餘噸，其計約數六百餘噸，此項燃料既經購妥，又被運
輸出省，當然由警衛隊運輸，料號[illegible]卻貨，每月能夠運
到五十噸。
　出品所需上月相差甚遠，僅有數千顆，出品短差，甚遠漸
加速增製，本月可成八萬五千顆，第139 141 142六批業已驗收，
143 144批已有出品，惟無引信，145批未製成，大部材料以無引
信不能驗收，查缺乏引信係因無銅料之故，此次在渝所請
領之入廠銅料又另為他廠領用，而昆明之銅料未到，此種
困難情形，[illegible]有[illegible]亦不能辦到，前[illegible]曾親入渝擬請設

遂引後各類材料機器人員薪資因其他原因不能大量減縮即
漲收入員八分淨寬元開始費用約某將來每月能出品六萬
總公司各類材料款不多擬請撥款八百萬已經另紙簽請
同意者又借貸即行撥還此項借款又另由本縣選求及本籍備借
將來必用以免將受物價高漲之損失

乙、俞守身發言

上週上峰撥有偏付百萬元惟急待支付者計有（八）部縣
計縣家款又有八十餘萬元（六）補發一二月份增加工資獎金
約六十萬元（六）三月份下期工資及獎金已須八十餘萬元且
自前購入物料按三萬元以上者均由本縣負擔付款不均
每日約有三四十萬元之支出鄙某四月份願貴會早日撥到貸
縣分發某項百日成交

（六）

87

3、參議會報告

此次參議會對於購米由本廠撥足數米安供成功已

討安購米之前蘇嘛果米七十文頭價格分兩同係自漲自

購得選出須較前之便宜擬仍托代購可節省經費以

合蘇嘛前交多現以物價激漲人員日增所需日用必需

勢必外為增高若本廠有款可以大量購備存儲以免影響

乙、討論事項

4、參議會提議

近來物價又形上漲，食米一項採辦購者尤感恐慌

設兩個月之預算請討論案

議決：本廠為員工食米準備購買八百石

5、參議會提議

支發員工平價油米可否決定改發現金請討論案
議決：改發現金福利科核辦
6、郭委員泉提議
本廠所屬之草遍地花草果樹等樹木可否全部出賣請討論案
議決：廠內所有之草無論公私一律由福利股根據情形出賣
7、李鳴偉提議
火車部之衛兵可否撤去請討論案
議決：決不能撤
8、余廣祿提議
外來搭車人員複雜為求安全計可否予以檢查請討論案
議決：以後凡搭乘本廠之汽車外來搭乘人員物件均由稽
查組檢查

（六）

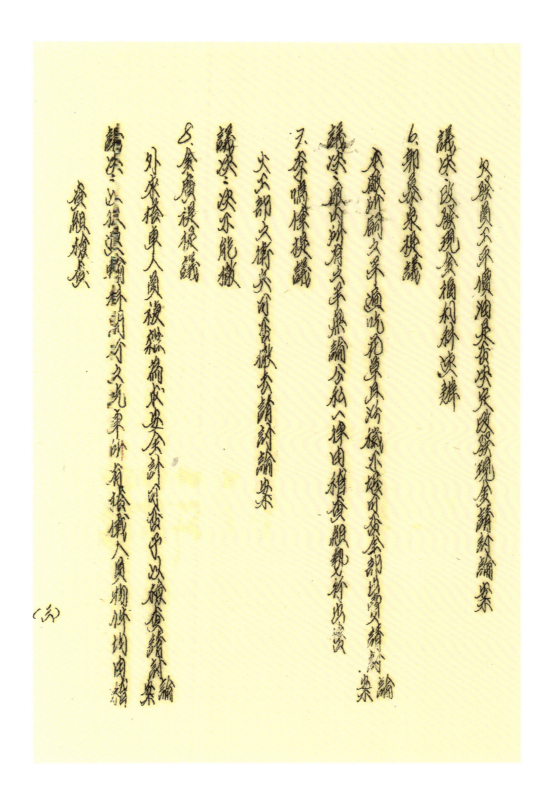

58

9、金廣樑提議

嗣後到廠視察來賓內如檢查飛機人員驗收請射擊試驗者

議決：凡到廠視察來賓由總務科通知檢查組派員領視，并將詳情另

簽呈署長，閱本處驗收時會同事務員報，一併簽呈

10、金廣梁提議

此次增加工資辦公所長工是否一律照加請討論公決

議決：照此成案以後再加

11、臨時提議

本廠所存各種原料即發送出貨以求

議決：總務科備函通知檢查

散會

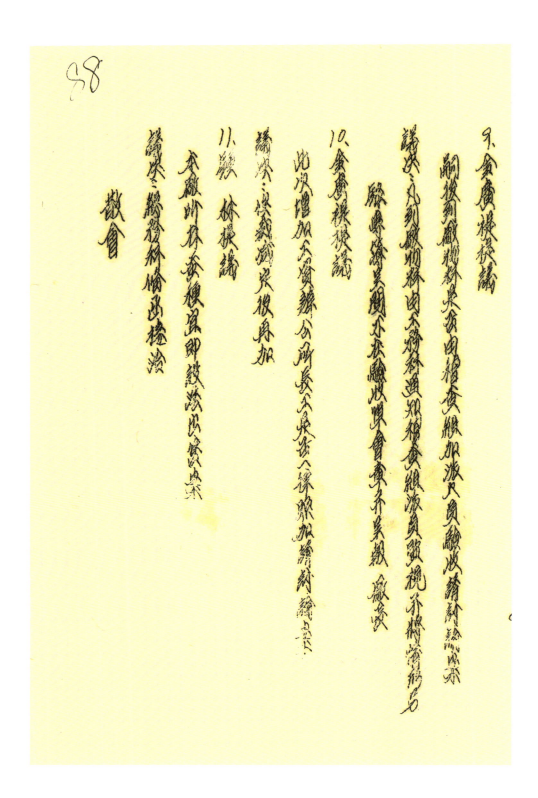

秘書發字第15號

前字第0850號

87

成都分廠第十四次廠務會議紀錄

時間　四月十日上午八時

地點　廠務科

出席人數　饒濂　孫　饒琅義（因公出差　黄炳賢代）　俞以身　黄炳賢

李慕白　郭泰泉　沈其柏　張世彪　李鳴偉

張義同　余廣援　虞文彬（因公出差　宋佩蘅代）

主席　饒　林

紀錄　姚雨泉

行禮如儀

甲、報告事項

一、主席報告

本週裁人之後人心多未見安定處此許多非常情形益

（八）

以此地與渝市不同此地物價高出渝市六分之八至八倍以上而視
委會核定之待遇標準高出許多人每月可得若干餘元職員於
上將以上者月可得數千元至一千元不等人月入不過六千元職員工役
三四千元均屬過少在內所以多數人員均感困難關於此情
形之下無不衣敝負重只有擴充員工福利以資挽救
　燃料供給增加上月前後因以前常發生停工待料情
上週停工之餘職數少不惟不能接濟且更如此故擬於本年
間觸人心不甚安定前經計每月可出煤八萬至十萬公噸
　上週本部曾發給本廠購買原煤款及黑炭款於六千餘萬元
此款本廠僅買原煤多處運輸頗費時日因本廠經費緊張僅運費
以本廠所需之資源甚巨乃設法購買以不需現款之處所有
未具余由廠方代辦運費八萬四千元由本廠自行提供運費因

一、元義公等開資本尚屬甚大，以送礦計每月可運三四次，

每車以八噸半計，每運一次可得八萬捌千元，已可敷用，若因

次則不敷矣。

此次鼓勵運來每噸價八千元，路礦甚多，八百千里，然設更多

因員大街前運到現都滙至十三日之久，八只車胎即損壞大只，

據報告，此等之以之代收車為商人運貨兼營私帶運貨，

此種舉動若屬確有，未合須知運帶私貨為法令所禁，不

許

得其私人所操甚少，而嚴加防損，此則大有以運貨為最重要，

若不能運到則錢中缺乏燃料，八千餘人即停工矣，此項損失

首在汽車不能行駛，及公路局諸為代修所壞輪胎，

此

數度商議，結果以先修補三只，因損壞程度大，不易修復，

除將損壞輪胎將發交修理外，其餘損壞殆盡。

（八）

現在抗戰已達七年於茲,各個人精神從戰者不刻苦耕
耘努力,大而個人損失,小而國家存亡,莫大戰都物資需援
數渝市責為國際都市,其各先實轉當此局務須努力以第
最後勝利,不異互相親睦,互相扶持,互相規勸,渡此難關

乙、本廠條陳事項

關於板東綫道

A. 板東內警衛隊撥歸運輸之目的

本廠警衛隊共分兩棚,月餘之自繳無兼顧他處及本廠以
紙廠警衛特遣較高之影響,以致紛紛請假,為抗戰計
乃以之其隊撥運輸所除運費用資助補其隊本身,今
竟出據稍之外,不但不能入輸良果,反成之弊害,遂其
原因,撥歸板廠運費之低,每次入不敷出,遂令撥縣而負

增加兵民之勤務

B、彼軍由營衛隊運輸可以便算其運費（廠）

於最初之預計悉有民運之分，又以敵自當可開鐵路一切例

入此次運來計不餘，又以應將運費之萬元於後撥敵之

日易出錢過夭，明將之四日無法行動，為此多方接收而

敵軍後藥競教彼軍之都拖延，之嘆所得運費之萬之千

元均由彼等瓜分，此次情實本人并不知之，復練查胡始

悉，倘再出此次情弊，本有同流合污者，應依法辦理

3、節約身教者

(八)本分廠此次裁減之人後，因增加之資撥，面粉之漲，開支及

較以前增多，布果價及預算之能入穀價與物價高漲，應就

提高出品售價及努力提倡剩業以資維持

(元)

（六）經費情形：迄昨日止，庫存僅四十餘萬元，備發六月份薪資獎金及工人獎金之用。上禮拜六總廠來電，已撥出四月份經費六百六十餘萬元，今日可向銀行領取。

乙、討論事項

4、李鳴條提議

（八）警衛隊禁閉犯人有十餘人之多，并有已禁六月以上者，如遇敵機轟炸時，警衛隊除派隊擔任警戒外，尚須兼顧犯人，或致發生意外，擬將不關重要之案從寬保釋，以資結束，請

討論案

議決：將各犯案由簽報核辦

（九）警衛隊士兵無法再行裁減，現僅八十八名，可否添派現

擬請討論案

議決：該警衛隊現既不復任運輸上保護，所有該隊需用人數詳細列

具報工廠長請示

(三)本廠係居於市城外，諸多深境複雜，尤以夜間停電，宜長多照

電筒，莫有保管，勤務不能之需，擬請購備三支，予以規定每月

發給電池，請討論案

議決：查前該隊添置手電筒，前宜並查問人員增派，請查看，以便用

電筒則好，人員得按照須遠先得以確屬非到萬分不得已時不能

使用，所領電池以組會同警衛隊編製，只分以為本廠使用

(四)本廠逃跑者不斷發生，採用何法，又無法採得此項逃跑者，應如何辦

法，請討論案

議決：由總務股報告請示

上、郭廠長、張監議

(四)

並且常有多人擠茶炉燒飯炒菜，以致不能燒開水，應如何處理，請討論案

議決：福利科嚴令制止及呈報

七、臨時提議

（一）由前廠及本廠火工部負責人員要應請補委組及警衛隊特別注意案

議決：照辦

（二）員工八、八、六四月份平價米應請福利科從速發放案

議決：福利科從速照辦

（三）四月份米貸已到，八百餘員工先購食米案

議決：先購食米五千斤左右

散會

军政部兵工署第五十工厂成都分厂一九四四年第十五次厂务会议记录（一九四四年四月十七日）

93

前字第959號

秘發字第16號

成都分廠第十五次廠務會議記錄

時間　四月十七日上午八時

地點　本分廠

出席人數　顧　林　顧興義（因公出差，黄繼賢代）　俞守身　黄繼賢　秦國柏

鄒鼎東　沈其相　洪世雄　李鴻倫　張同義　黄文炳（因公出差）

主席　顧　林

記錄　魏甫泉

行禮如儀

甲　報告事項

一、主席報告

觀察上週情形本分廠尚屬良好雖已大致上軌道但因水廠及檢

（八）數日來六七日校正道有時缺乏材料但尚未影響停工廠內人員因減

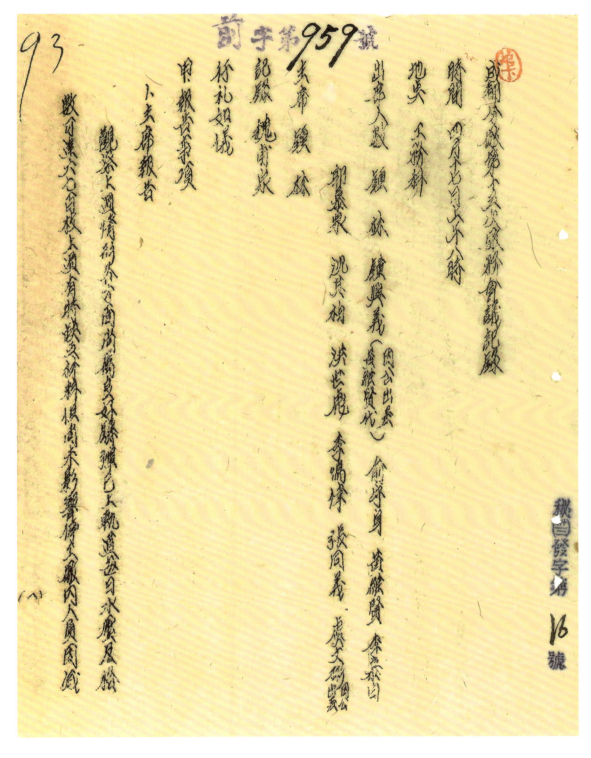

以一部份人之技術[illegible]特殊[illegible]殊覺為費並致各員之精神[illegible]

於此次修理各項材料不成問題且每月可出砲彈一萬顆

引信問題更為困難現因缺乏原料除電[illegible]廠請撥[illegible]外尚未[illegible]

據所用之引信係由他廠供給但此種材料各方均感缺乏將來或仍成為嚴

重問題為求補救之法擬自[illegible]銅料自[illegible]銅料但供此種[illegible]消耗[illegible]

設備此項[illegible]銅[illegible]不為[illegible]問題非本廠以[illegible]之[illegible]所不能辦到[illegible]

此事本期不能發展然尚屬困難如能實現則將來廠務尚不致缺乏之虞

該地廠不須續添設備代製如[illegible]給[illegible]

此項原料[illegible]人[illegible]不滿之[illegible]

此點亦因[illegible]不足有小[illegible]

福利方面[illegible]

有此展望係郭林[illegible]

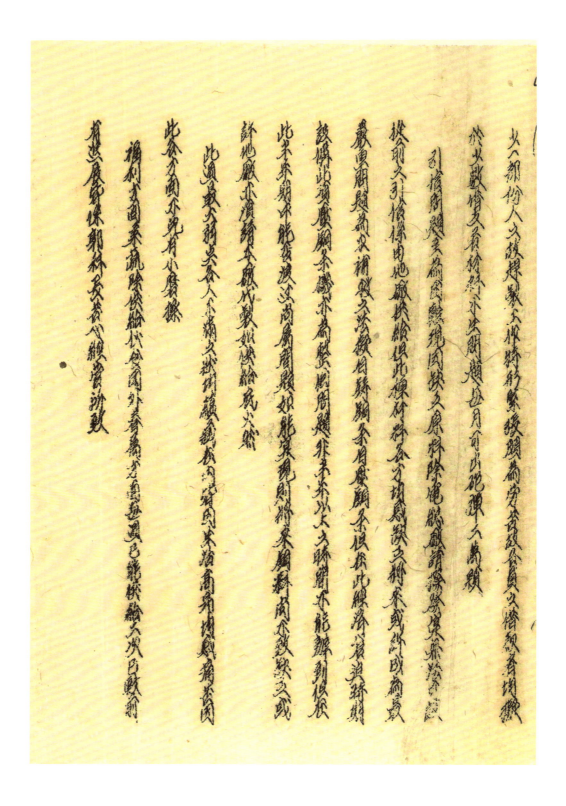

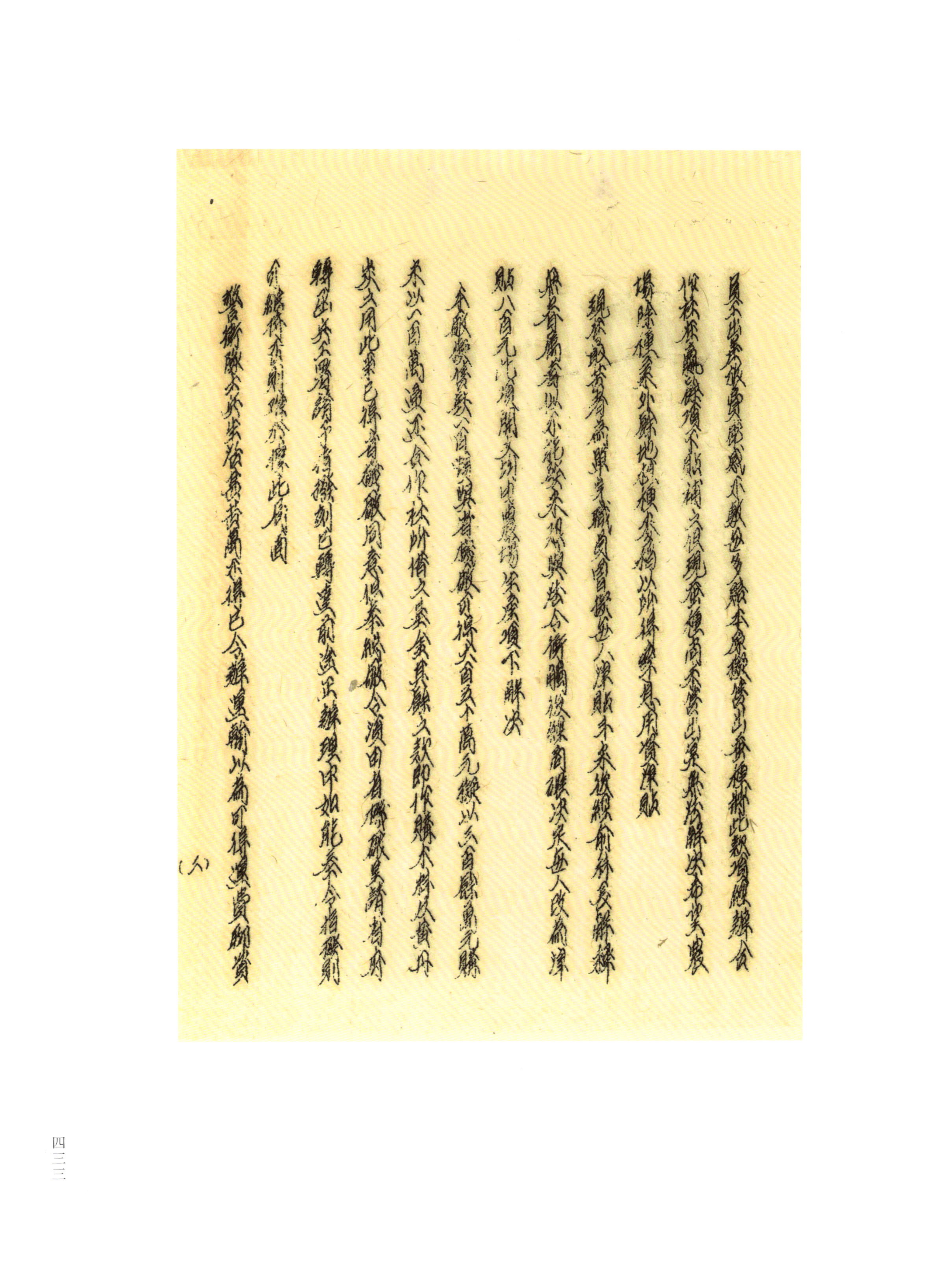

（八）

深恐铁路如果不保，黔省为之摇心，大局顷刻将有不堪设想，其影响无限
加剧，到已转来之际，长期购料接济，实明以后转运，敝处数次
兵险诸多无着，拟将各部门情形提出讨论

2、关于购料者

八、购置工具材料，向有八八十元之物资，无法购买，较八十万元，亦难购
得，以数目与月上期工资及人员缴纳生活费，大量开支，其他支付又感困难
又关于购置物料各项手续，又复繁多，总会审核，以候遵办
如以限价，而各地均有无限价之物，购买多不易购到，亦能非
不知又因前购置材料人员不敷应用，因之如此比较价格，曾数次
无手续多不具备，又既以后发生许多纠纷，殊属不
如要先保管，各项规程为是
兵险利益会部及其他人员，若已发动，即将不足开支

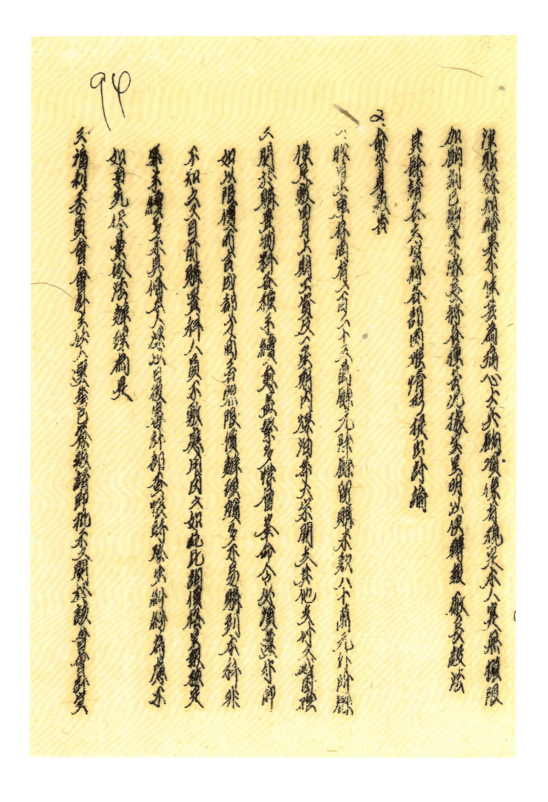

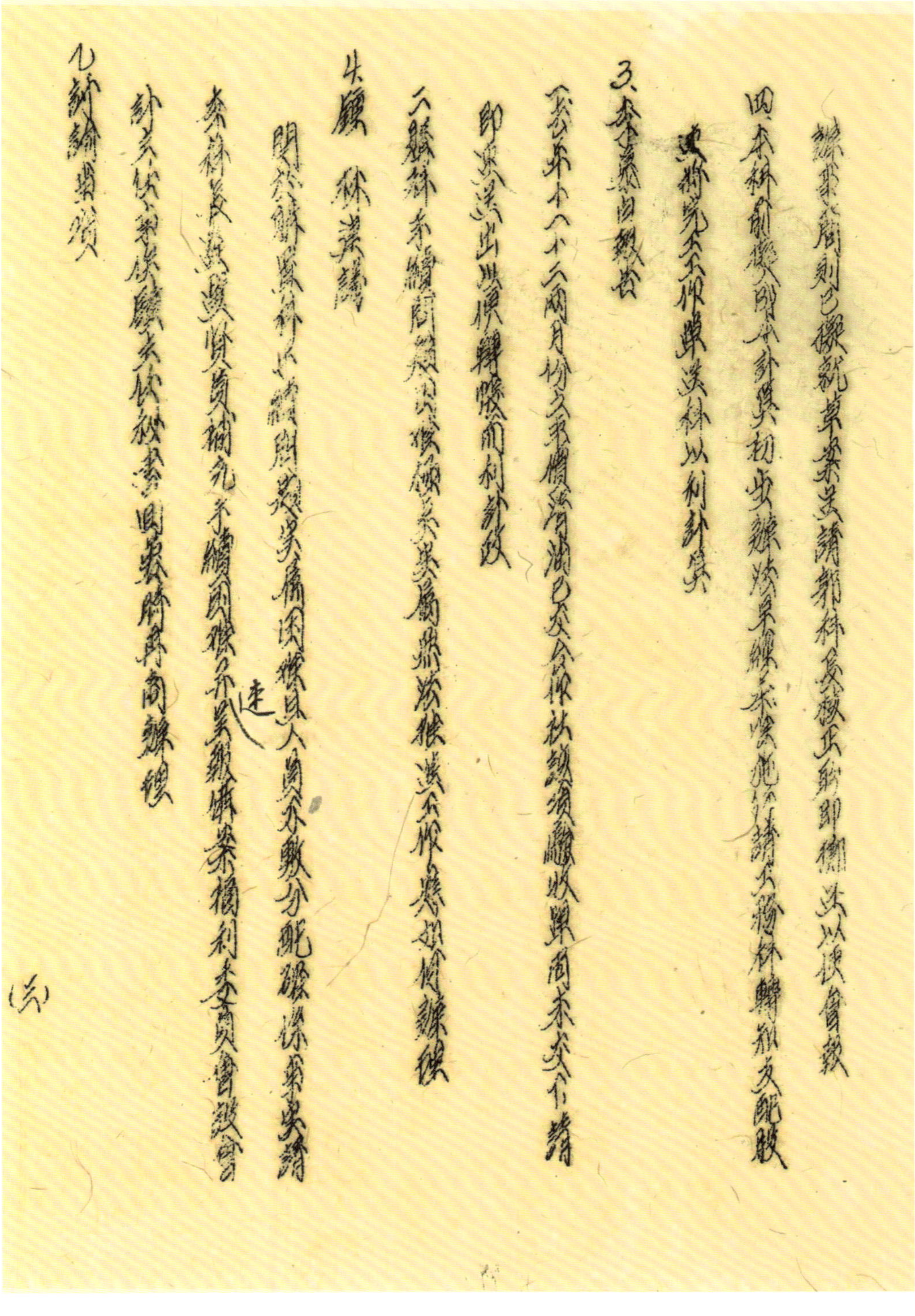

95

5. 张同义提议

[illegible]外[illegible]被[illegible]职工人似应从速[illegible]请讨论案

议决：[illegible]会同[illegible]查明[illegible]人[illegible]再[illegible]因

6. 李[illegible]提议

现[illegible]食[illegible]请讨论案

议决：[illegible]原案[illegible]

7. 李[illegible]提议

警卫队士兵待遇太低，每月不过六百余元，外面保安队兵已达八千

八九百元之谱，而厂内长夫亦有千余元之收入，相形之下，[illegible]

本厂[illegible]安全[illegible]起见，应否[illegible]请讨论案

议决：警卫队士兵[illegible]

本会[illegible]协助

8.張同義抄議

會同驗收物料第以後由通組部份列入驗收時間請代爲編案

議決、驗收物料稽查組應具辦法請於次報告凡遇此類問題文辭交

即發現不在驗收單並兼由多方聯繫開

散會

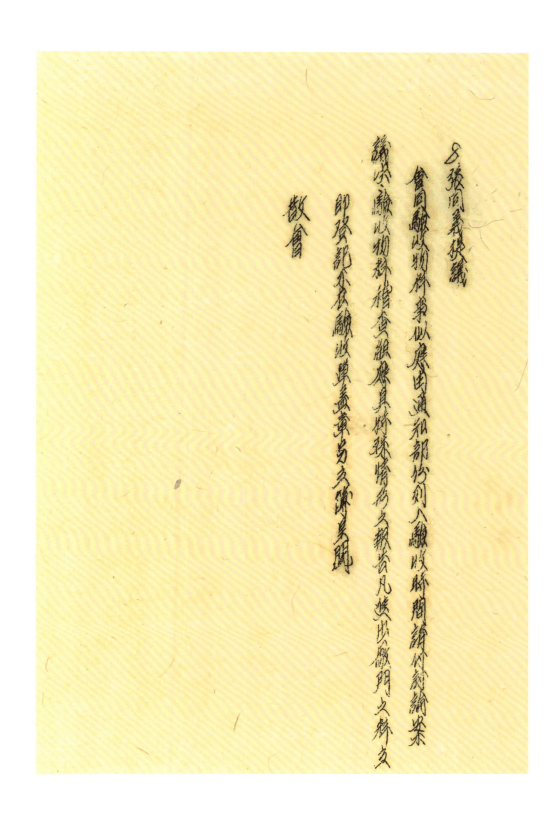

军政部兵工署第五十工厂成都分厂一九四四年第十六次厂务会议记录（一九四四年四月二十四日）

97

进字第1031号

秘書發字第17號

成都分厂三十三年第十六次厂务会议纪录

地点　本分厂

时间　四月廿四日上午八时

出席人数　魏林　魏兴义　俞宗身　黄继贤　洪芳鹿　李燕国

郭东来　杨同义　沈英相（因公出差　相晓南代）　虞文琳（因公出差）

李鸿伟（王毅堂代）

主席　魏林

纪录　魏有泉

行礼如仪

甲、报告事项

一、主席报告

此次本厂出数已足要求然总厂出品亦极复杂须特别注意

（八）

[illegible]

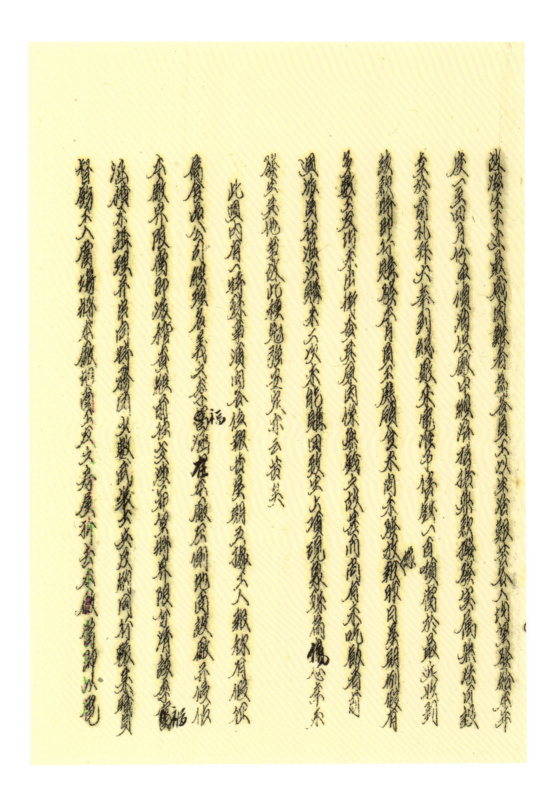

该报告所称请求处理者以当场于最紧张关头职员所佩纸章号码
当案列于报告兹将该职员号码条件参考各将各员先
职员解除送办并动员九十五军调之协助及将特务团同协紧
于六机转火（八分八）后紧急各员召集肥料送继续公署同兵转
送于报此案时维持会组织组长处独得当大厂决定以武力阻
外聚群众但不发生事变已于本八月已呈请于报请示核办矣
现在本分厂员工对于注意研究者仍人心惶惶经此八月难处债务所
自本年开元所需支付七百余万尚差百余万元之数以
极力支援拨大量物资合作社辖支以所得盈余弥补不足
但在此最近时期内货物价格上涨数额行将告罄之际拟
恳请钧座当场合作社所得利益全数拨济手本厂以资员
救济职工请求准予赏发八百以此款分发粮作补给以慰员

（六）

98

糧價高漲之影響再購大宗煤因木料亦昂貴於購此種材數

料內能省部分餘款尚充政力矣條然不移累煤貴商品求於購

黃丹煤同等物煤炭尚不同漲於購買根據統合預算寸

省百餘萬亦不得以之發交諸各部隊策隊力勞動都能長

此繼續辦公

本年六月份實際出款六〇譯數十萬因係六月份無款出款

除收情況及為免險戰有依預之可能本於四月逐漸增高

每月或可到六萬餘四月份又出款條道功於六月份貨餘款

到達六倍府有超過百萬果已發出其他意外故以後對於食米

及燃費必須發給米為難決因此六級與其他機關情形不同

并其他各機關條件月支須經常費用此六級則每年出款須

餘的照出款則將必須撥不照錢如此非惟六人甚至或另發公

物料缺乏等亦将以次发生，因此不能继续工作，若此境况延长，则其
危险情形算数殊将致失力去後料资缺款项储备短缺
并希当局体恤，别以防发生意外之危险
此次职工依照合约在渝各机关厂处于前日公布之减低涉
及远发为原等项至於各项详情续职工依然会呈报告

乙、职业介绍报告

此次本所介绍赴渝职员 厂长指示各县均已录取，代为呈交
依照规程在渝附(见)所及报内容依照官方之简略报告

八、渝市物价资料调查成效物价波动率较前限制决定并参
市面波动之现象，该渝市各厂职工待遇较前减资员工
福利不足以顺利进行，故在渝市各厂员工之伙食费未依照民
食供应原来价格购来代金依照部县规分厂不能在渝市

(六)

不能保持同樣之程度以致損於製造總費增大開支此種虧負
損及物價影響其為分廠經濟上重大之打擊亦為分廠將
常關料將來荒之主要原因影響出品良非淺鮮
二、滬廠員工大多係久受技術之訓練較分廠不論滬市亦未能
同樣之多受損失者亦物價激增員工生活困難之際新移出之
增加員工之負擔矣
三、滬廠原有額數亦稱足日用及機會減縮員工負擔多之本
分廠尚少此項機會亦須分廠獲利稱與總廠獲利為多數
雖於成本有損分幫助
四、據聞滬市各廠員工之交米價漲工作分擔斷絕到亦分廠日
開銷日終仍來不能維持之下分廠到處壞亦要今後有以
改善之至底限度亦致有稍微厚益之事

五、职厂之人伙食因每人每月除缴本身米贴外尚多亦再缴费或缴纳若干以补厂伙食因似有参考改良设法减轻之需要

六、厂长以各方之资助特别注重分厂福利之救济以职员之员根据此转告福利委员会各主管酌加筹策劝以资厂长之训示

七、厂长极力注意分厂员工之能保护诸各部份主管转告各员以切实遵行之

八、厂长对于办公厂内似觉着长官服从之争论为有失厂体面而不为满厂务各部份主管切实取缔将此转告

以上报告遵于日后接收厂务各主管惠赐指示

三、讨论提议

(八)分厂福利事业与消费社不同自职员工其各机构请将详细情形报告

(四)

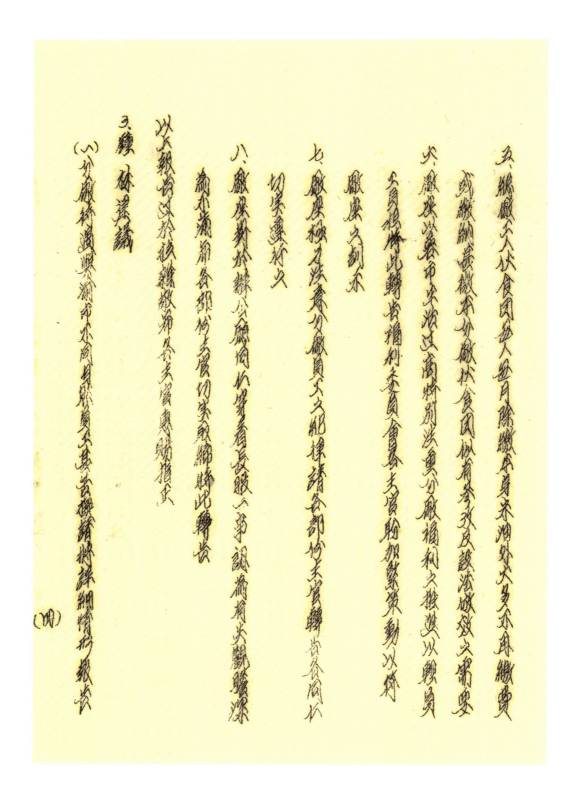

100

廠方歸署後即按月撥給公益款六分製造費內開支此款皆

請求入帳內辦妥將出

（六）總廠福利比較分廠良好者實係本廠人員有相當關係但分

廠總務因辦公易於遷移總廠福利適轉令已遷入不敷餘元

土地約計八千餘畝而本分廠福利適轉令價缺尚無土地

分茲六六自該當時本廠比系其現在業例只量議發以游有

系因良其他或地種植樹木或系說及飼養牛羊雞豬等牧

畜以增加員工福利此項蔬菜[illegible]無錯福利措施且不及穩定但

繼續衛隊協助勸穩

（七）前次檢視各廠高元分別[illegible]價值只另六元及貸款八

百項各房均總廠外並已辦到業足總廠息前之處分處　規

只有再加緊工作并改請專門人才努力福利業須得商量

各部只负协助撑此危局

4、部分厂报告

最后场保安处原来资历较行紧缩，过去职员太低，只好负

责，树因以前所建厂房破败而须修缮，现在已将部分采购

渐渐移植，就收获检查，则于厂方有本月又积五入部份遍购本部入

大约计为十余亩，现拟以三十亩种菜，六十亩种稻麦

现在本厂工人约以工资过少，不能维持生活，颇有怨言，厂方每月

均有补助，无奈此厂厂务开支浩大，本年度补贴不增加，拟补工人薪

属予救济

乙、讨论事项

5、主席 提议

（八）成都兵工厂为高级技术人员太低，拟请部函准该厂员工薪增加工资

（九）

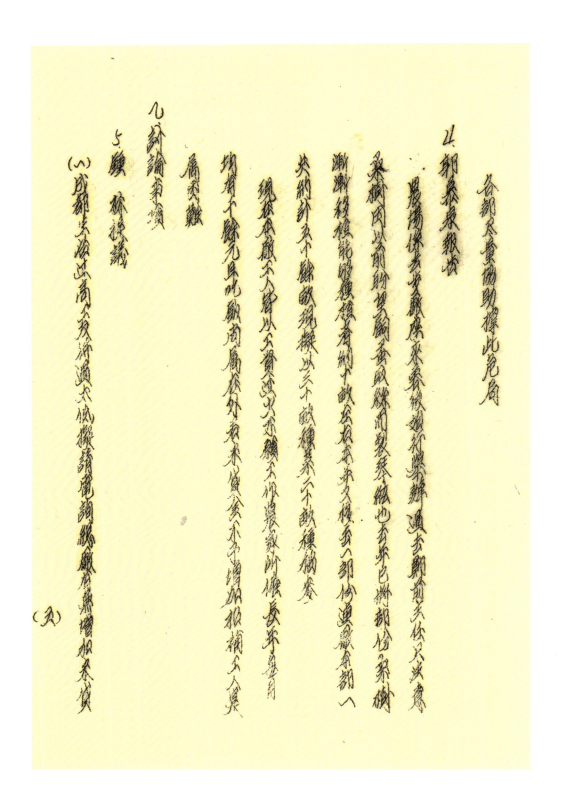

101

會情第若幾增加至希望即增員級學校加資請付討論案

議決：照辦

(八)擬將本廠員工子女教育由福利科辦理凡私人所願養

養統通福利科收費請付討論案

議決：分飭遵照

(九)福利科擬將所得之食鹽所有不及農場生財照章

撥由該科購買不必再由總務科經手以免多費手續於案

是否請付討論案

議決：照辦

6. 漢民提議

本廠職工擬請發給撫卹以示體恤并夏季開放員工及眷

屬等請予討論案

議決：總務科稽查組會同會計處辦理

7、本股建議

防空洞內積水甚多，雖辦到而清除者未常辦理，殊有必要

擬何以處，擬分派職員辦理並組織防護團，請予討論案

議決：分股防護團早已組織，各分股區分別組織，不日即可

辦法另擬實施

8、本股建議

防空預算可否轉發職廠，請予發給案

議決：請示辦理

9、本股建議

警衛隊槍枝有大半毀已不能使用，可否請求另發又大兵彈

懇求撥請求發給案

（六）

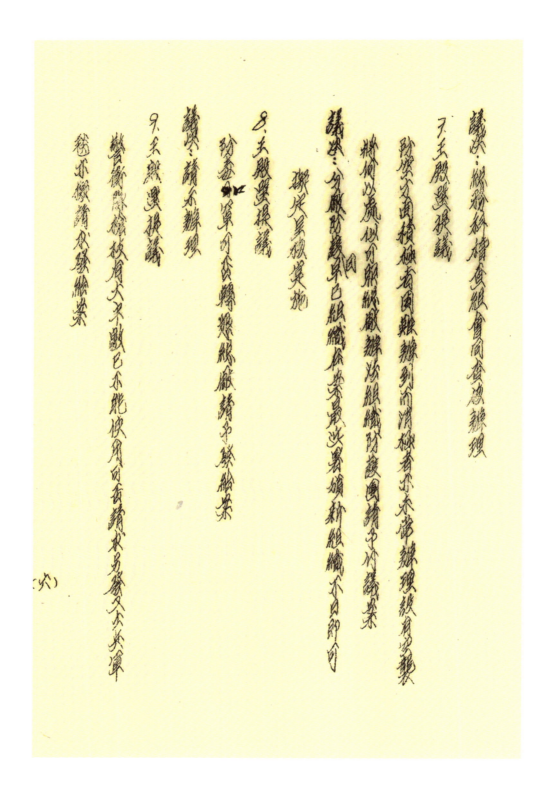

102

決議：檢核有若干不合用者，統計列冊呈報，呈請發給單據來局

備案辦理

10. 主席提議

警衛隊分兵人數不多，除勤務外，已無多人員，被人員以分兵派

為送長撥請增加人數，以便警衛，請討論案

決議：可將廢兵人數分別列冊呈報

散會

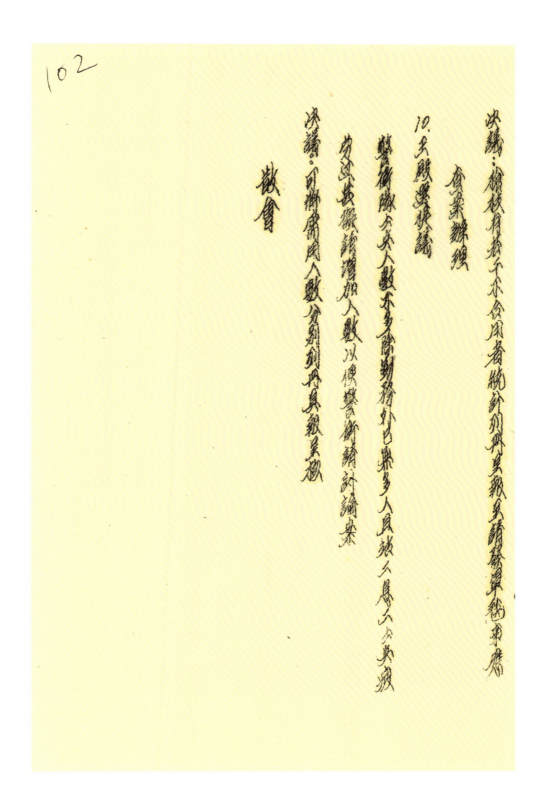

军政部兵工署第五十工厂成都分厂一九四四年第十七次厂务会议记录（一九四四年五月一日）

103

成都分廠三十三年第十七次廠務會議記錄

地點 分廠禮堂

時間 三十三年五月一日下午八時

出席人數 魏 孫 魏興義 俞如勇（因病缺席 劉濂代） 黃綬賢

沈世龍 李嘉昌 鄭榮泉 沈英柏（因公出差 楊錫甫代） 李鳴偉

（王殿選代） 孫同義 虞文彬（因公出差）

主席 魏 林

紀錄 魏南泉

行禮如儀

甲、報告事項

一、主席報告

上週出差各員因發奈尚屬相當安定出品情形已上正軌並

（八）

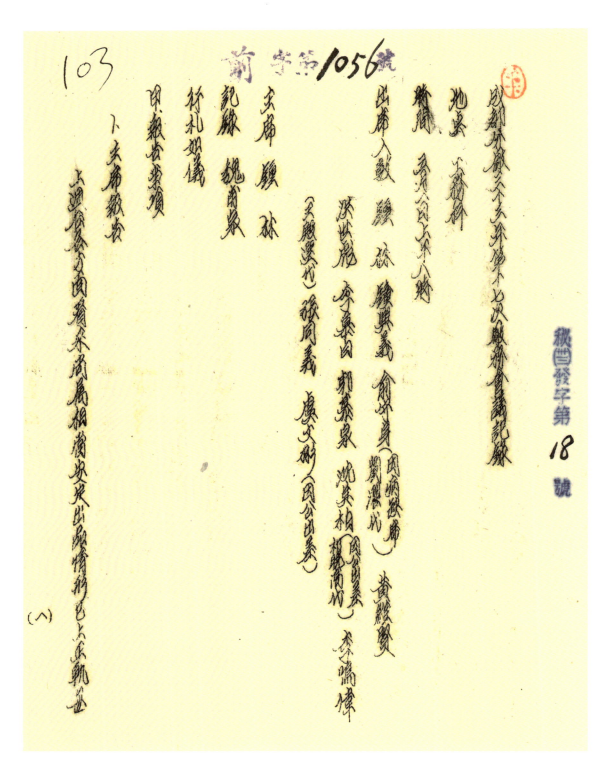

○須

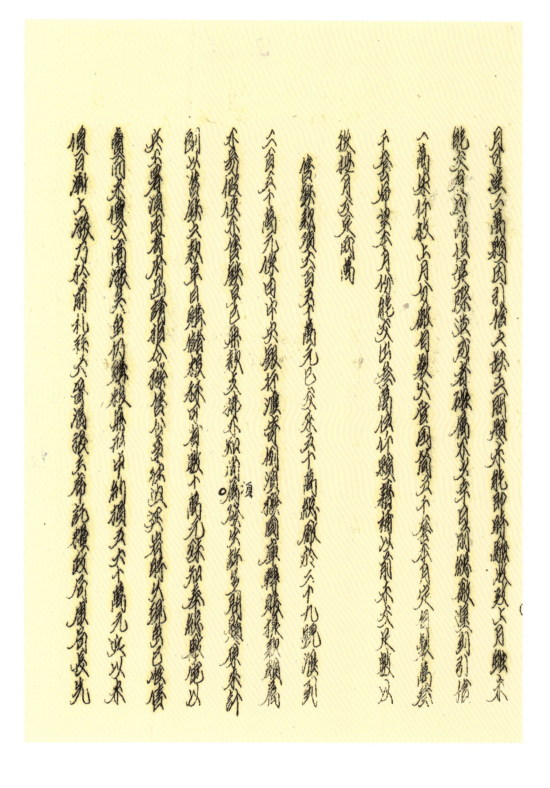

職員之有权在此次候補者分之又有購储米可使員之分之不現在者

明中

燃料收到後陸續來外即廣另於購储材料煤炭食米柴木

材料储備擬定并備需用煤

乙、討論事項

丙、部長提議

福利委員會原則由廠方籌辦因原廠所發文物尚未改委

員人選致未成立近因員工要求福利甚切擬由本會負責籌備組織福利

委員會并先選六人為籌備委員可否請公決案

決議：推舉吳洪銘徐賢貴朱福利委員會會同各方代表組織籌備經費現資

以經費仍由部份委員負擔總務現金不敷尚無以為備

入國家銀行

（六）

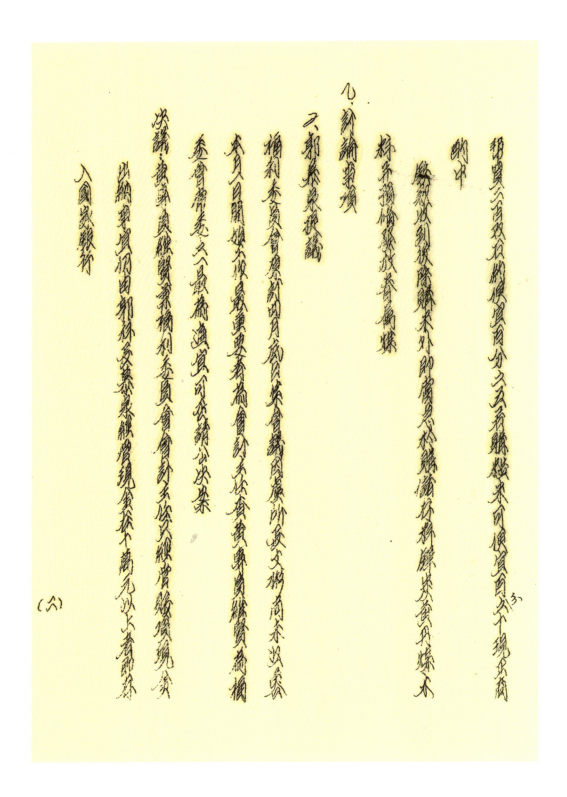

104

3.[illegible]

[illegible]

[illegible]

[illegible]

[illegible]

4.[illegible]

[illegible]

[illegible]

5.[illegible]

[illegible]

蝕

[illegible]

[illegible]

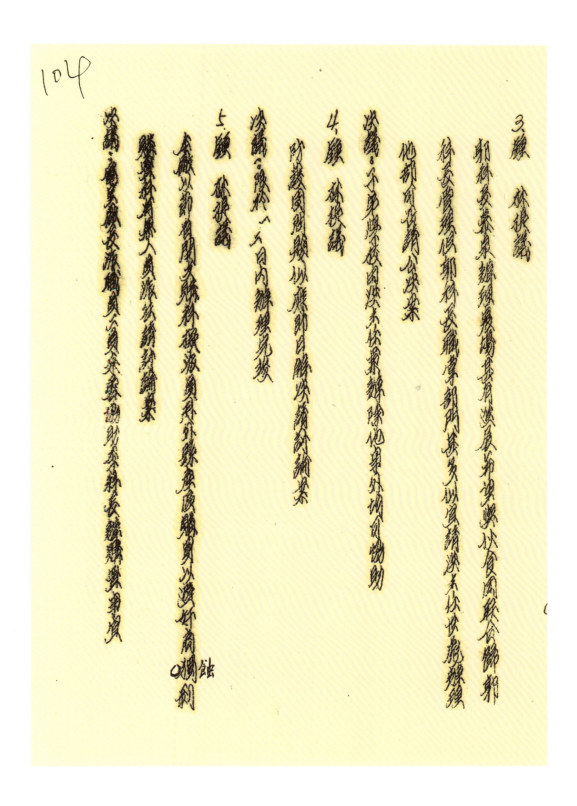

六、臨時動議

運輸問題頗感困難，本廠現有汽車不敷應用，不易辦理，擬購汽車以資運輸，請

討論案

決議：先購六輪卡車一輛，以資試辦。

又相應統一組織

警報解除後，工人往往遲遲不到，不能按時工作，如何處理，請

討論案

決議：由工務處負責辦理。

七、改進廠務擬議

警報發出，員工疏散於附近各地方，警報解除後，員工陸續回廠，不規定時間，以後本廠員工須先

擬定規定，以防警報時延誤，請討論案

決議：照辦。

（完）

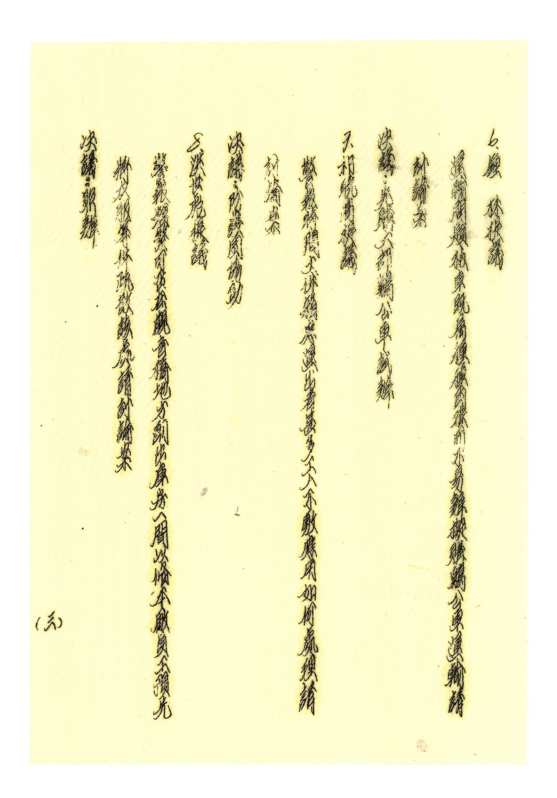

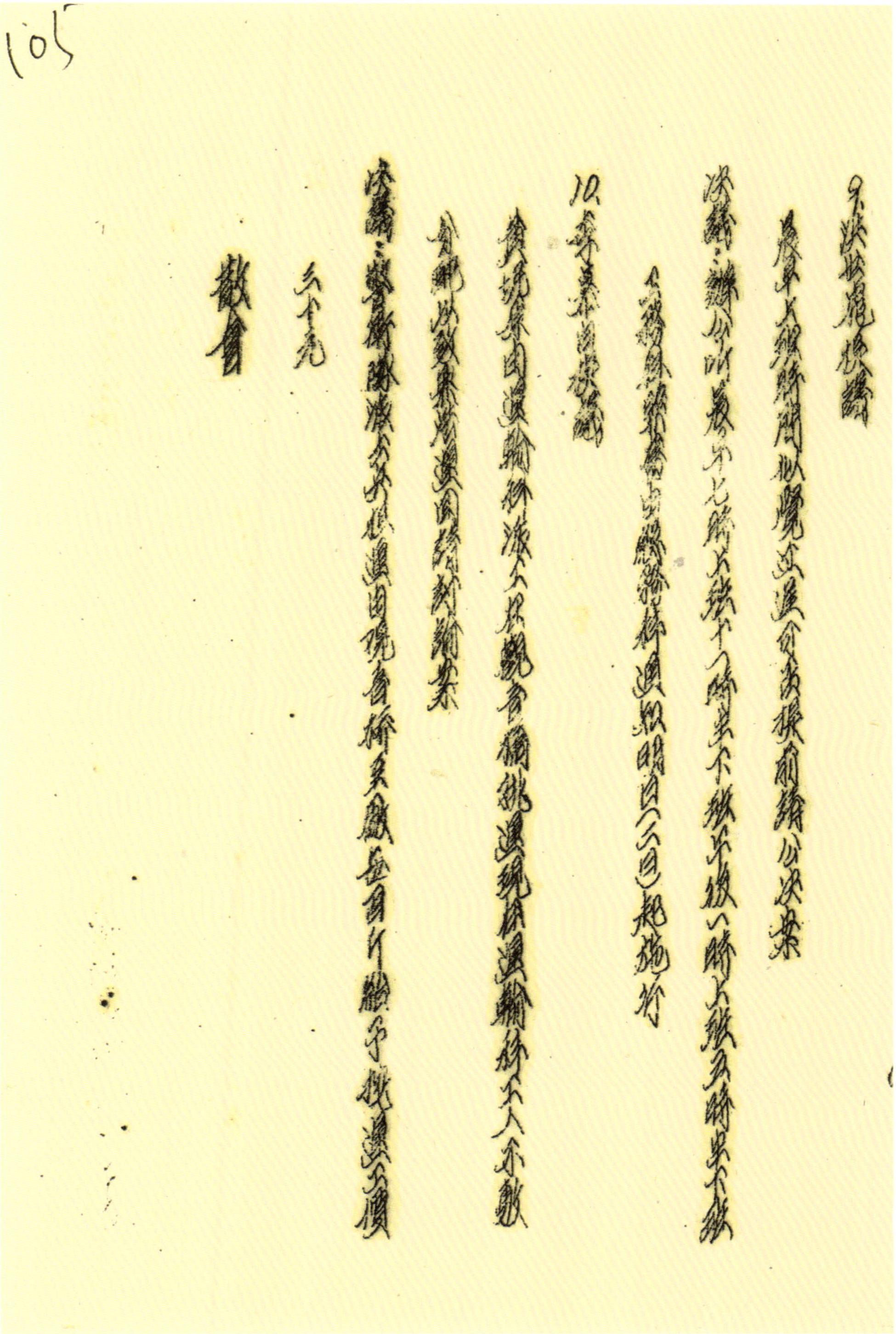
105

军政部兵工署第五十工厂成都分厂一九四四年第十八次厂务会议记录（一九四四年五月八日）

106

前字第12011號

中華民國卅三年五月廿七日

成都分廠三十三年第十八次廠務會議

地點 工務科

時間 卅三年五月八日上午十八時

出席人數 鍾 林 鍾興義 俞守身 黄繼賢 徐泰白

郭煥民 張開壽 沈其楨（因公出差 祝曉商代） 余鳴樑（王殿榮代）

康文翔（公差）

出席 鍾 林

記錄 魏肖泉

行禮如儀

甲、報告事項

1、主席報告

本週工場情形尚稱安謐 因照尚有多數工人以病假又不能繼

(八)

秘書發字第19號

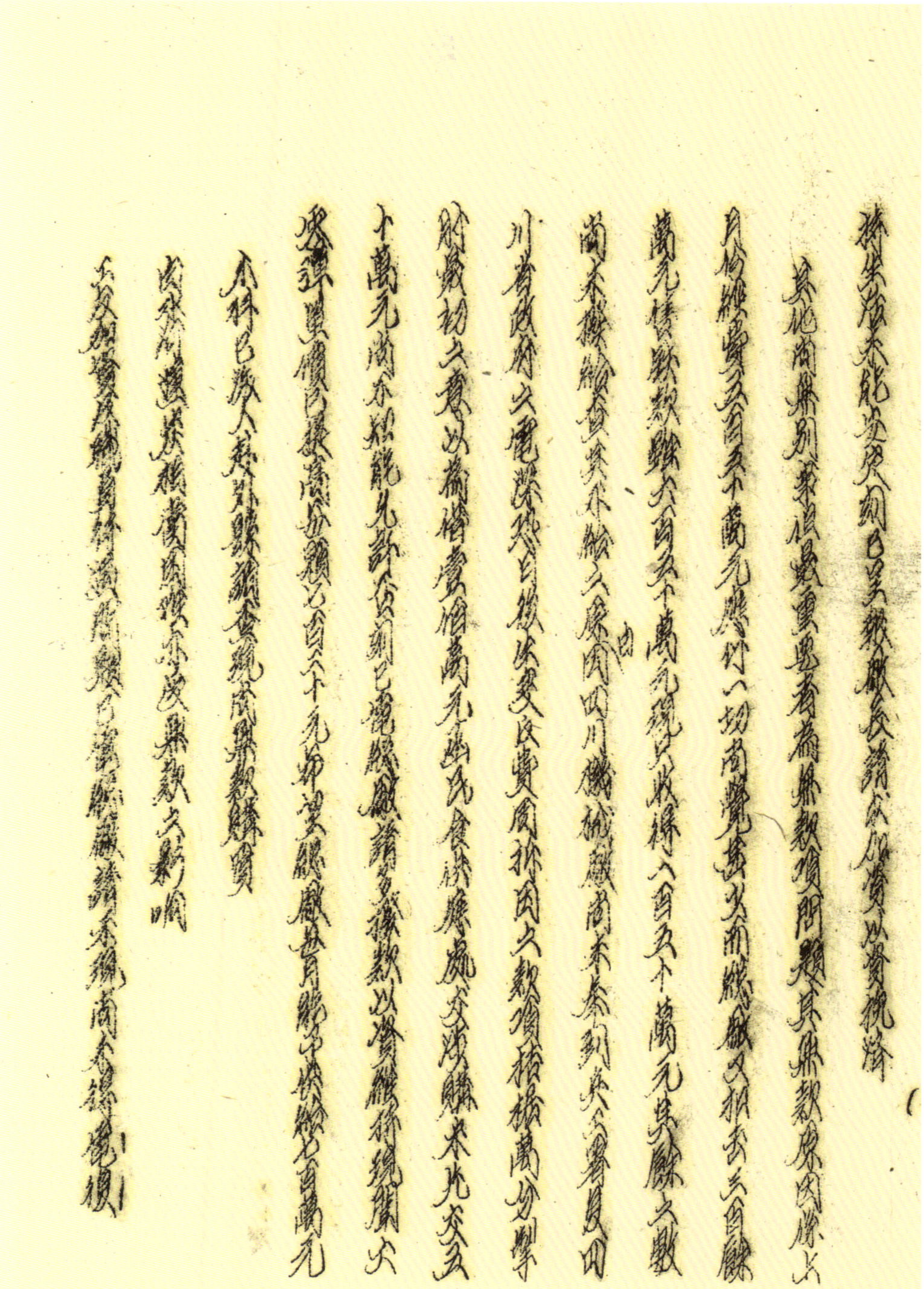

本分厂发给修造之象鼻嘴隧道各承包商于年十二月如数缴厂能多
数出图样见到者条八二三月可望交出成品三四万具可缴交公署尽夫
愿之消灭由分至本期者以搜购材料以致时间修改拖延至八二三年八月内因
材料之购置以状况又遂之分至八年未由部所发货交须日后始可
须到货之食本部资费张库材现在必须能材料出品资蔡林原会须
由因民火药与所付价格翻而费多致不惧损失用尽随计多
方设法以资维持姑如八月安置并月能接期出品六万余颗到此成时
部份各厂资源其之分量之火药大部如数缴厂报备移数其致遇转入常势
公司的偏之材料改积累过久则必受之影响产品此项损修况奉本厂所缺
制品期于检验之八日至三千人装的船只何难转载至不日后交会上八天

七、请呼另报告

八、本月份下期之资已经惟大人拨子及船只携款交纳需大下尚允如准

（八）

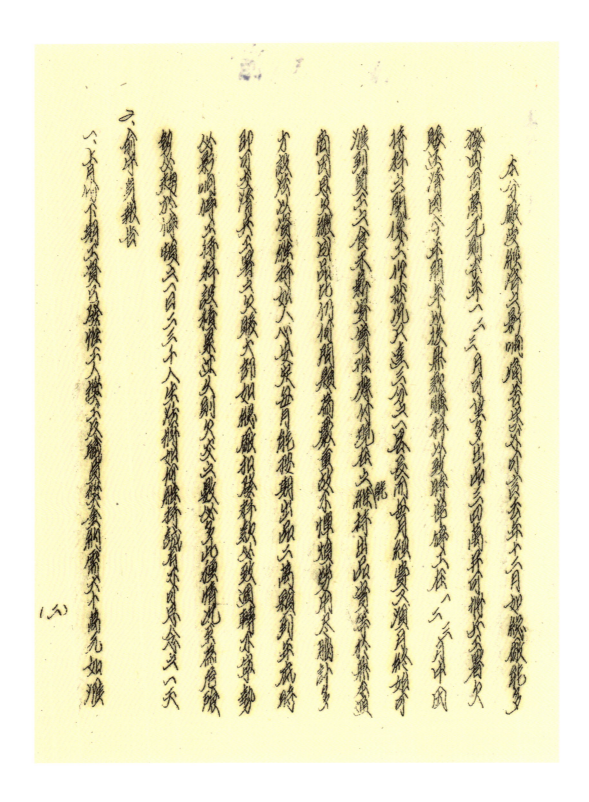

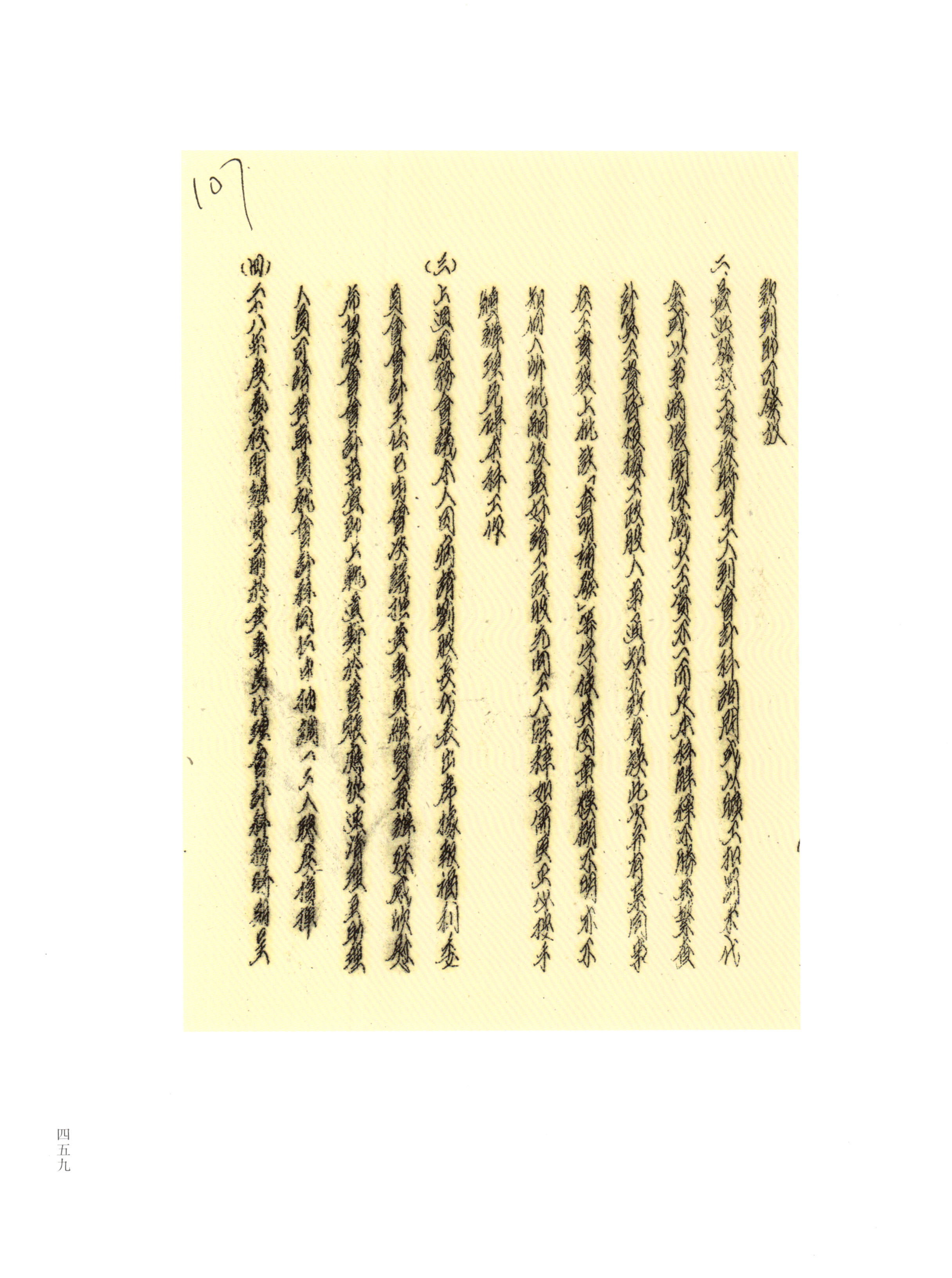

107

报收账款验收部件本年三月间已由审计处及中央银行核发分
派员到厂商定报验手续并呈请审计处派员到厂核查审计
惟须请求人员负责办理以便早日结案

3、报务改进事务

(一)运输方面本厂年来不断发生遗失情事以运输方面尚有
运费太低以致运费较贵人工尚高且贩运修附又贵若各
以公斤计尚不能补偿陕路运输所需运费请由主管机关核
核拨行先照支分未见批示

(二)购买军需品购置价款已属充足此项修支数悉请付还

乙、讨论事项

1、经费 材料费

本年七月以前核列材料之购料似应适用通货紧缩办法会计不充于

(三)

108

七月八日起通知軌道請予討論案

決議：照辦

5、總務 林□報告

本廠公私來文件限期出發請予討論案

決議：本廠公私來文件統限五日處以前辦理完竣者於限期外未辦者

即由警衛隊[illegible]所得款充繳津貼警衛隊之用

並於六月五日由警衛隊承執行者應予議處

6、各部主任提議

(八) 本月份職公司收購茶[illegible]應如何辦理請討論案

決議：職公司[illegible]不必辦好者以[illegible]

(六) [illegible]八個月[illegible]八個月[illegible]

元[illegible]應如何辦理請討論案

議决：先發八個月用者
下期統籌再核議
(八)運輸科大小數分配似應增補請討論案
决議：按補發五六名
(九)又自水道運輸時歷次所發油料不敷應用以致停廠引擎
同前希望發給時先發足規定分量以免誤會目前
又擬繼續派員自水道運送應如何辦理請討論案
决議：照原案組織辦理
8、臨時動議
(一)關於編制委員會部分依規定任務以發揮功效為前提要
(二)關於本校籌辦總收手續請貴廠負責接洽辦理
(三)運輸科人員所用請運輸科先行核退費
散會

军政部兵工署第五十工厂成都分厂一九四四年第十九次厂务会议记录（一九四四年五月十五日）

110

前字第1205號

中華民國卅三年五月廿七日

秘書室收字第20號

成都分廠三十三年第十九次廠務會議

地點 [illegible]務所

時間 五月十五日上午八時

出席人員 饒 林 饒興義 俞守身 黃維賢 郭[illegible]

張同義 沈貞湘 沈世虎（公差） 李[illegible]（公差 [illegible]代）

李鳴[illegible]（余毅選代） 虞文彬（公差）

主席 饒 林

記錄 姚甫泉

行禮如儀

報告事項

下次主席報告

此間[illegible]

遇市影响既大而发生之米价现已涨至每石壹万叁仟余元前向
民食供应处所购每石九千叁佰贰拾元以六百石计须贴补差价
八十万元有奇近来情形殊为艰难到后兵时则然恐难接济
八十万元借款但前借则大吃亏因借款尚未全部到不能於上月米价
九千余元之际决定购足五六七八四个月之米共四百石以现价未偿需
数为数甚巨以致各方未能及时交款遂迟迟不予付款遂致
目前受其大影响本厂员工六百余人约计每月需米六十石以供食粮
因部发米粮於九月起以后尚不能发足需款更大
购米先筹款以济急需殊属急迫
上月(?)继续向(?)交(?)六百石每石九千余元总共需款若干元(?)五月
仍须分期交付(?)六百石每石元总共分期交款元(?)总计若干元(?)余款则请
此次借款救济

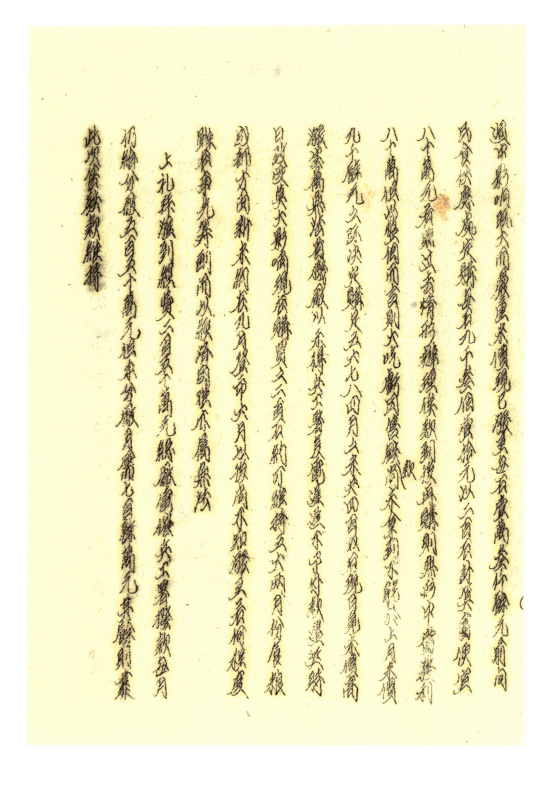

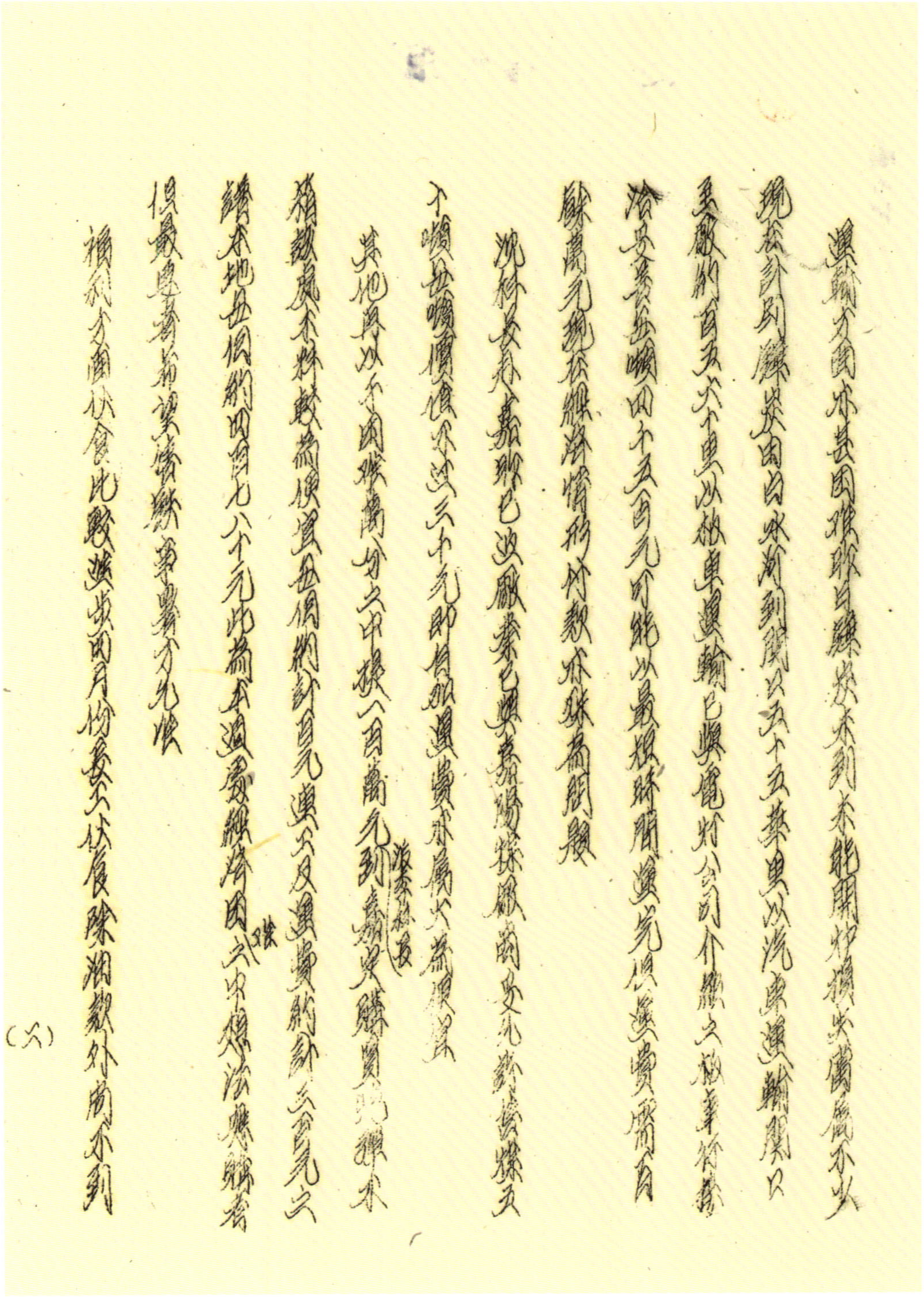

111

(6)自九月機械大部到六月九日，此為最近[illegible]於輸[illegible]，繼續向好轉。

7、[illegible]變動情況

本廠職員川籍大會[illegible][illegible][illegible]案現已[illegible][illegible][illegible]甚多[illegible]已[illegible]

8、伙

上月[illegible][illegible]為上週[illegible]情形[illegible][illegible][illegible][illegible][illegible][illegible][illegible][illegible][illegible][illegible]

2、鄭[illegible][illegible]報告

食米[illegible][illegible][illegible][illegible][illegible][illegible][illegible]為[illegible][illegible][illegible][illegible][illegible]月[illegible]米[illegible][illegible][illegible][illegible]乃[illegible]

[illegible][illegible][illegible][illegible][illegible]米六月[illegible][illegible][illegible]不能[illegible][illegible][illegible]以[illegible]十六日[illegible]米[illegible][illegible][illegible]

[illegible][illegible][illegible]公[illegible][illegible][illegible]余[illegible][illegible][illegible]本[illegible][illegible][illegible]乃[illegible][illegible][illegible][illegible][illegible][illegible][illegible]

[illegible]米余[illegible][illegible][illegible][illegible][illegible]不[illegible][illegible][illegible]情形[illegible]為不好

3、[illegible] 林報告

[illegible][illegible][illegible]閱情形[illegible][illegible][illegible][illegible][illegible][illegible][illegible][illegible]不能[illegible][illegible][illegible][illegible]何況

在乙將米而四月之米尚未發放以來至月餘之久前限九日應
到之米遂至十六晚尚未到達此項相隔多次代辦之處輸出不力
2、郭家水案辦法
四天來伙食乃上航遊米飯以最慘狀態每人除酒類外不過
數千元因此給養斷不人非常痛苦後又捐出八千元獎勵廚夫
過去因伙食不良時常打碗現已無此種情形
5、顧林救濟
伙食既差而難出食米又條斷難而有限條尚須預防秋冬
之際食米不時缺以最慘之局態其準備續救濟以備緩補
6、會計員報告
(一) 本分處六十八年度收容總已辦妥本會過起部收束辦法六十八
年度帳務業已開始著辦凡各部份僧有之年末清報須照限期
(六)

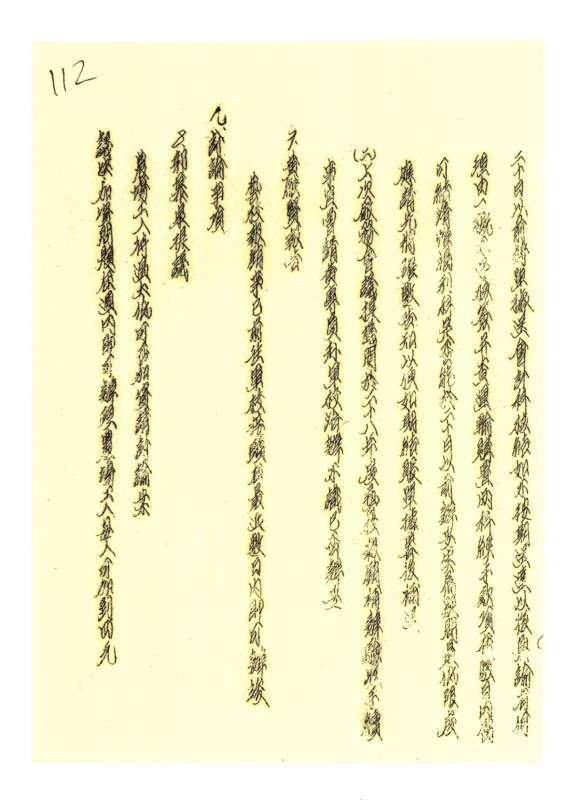

112

六十日以前[illegible]運到[illegible]如不按期[illegible]以後[illegible]
提出[illegible]
[illegible]於六十日以前[illegible]
[illegible]先[illegible]以便[illegible]
(六)[illegible]於六十八年度[illegible]
[illegible]
丙、[illegible]
[illegible]日內[illegible]

乙、討論事項

子、[illegible]議

[illegible]

[illegible]

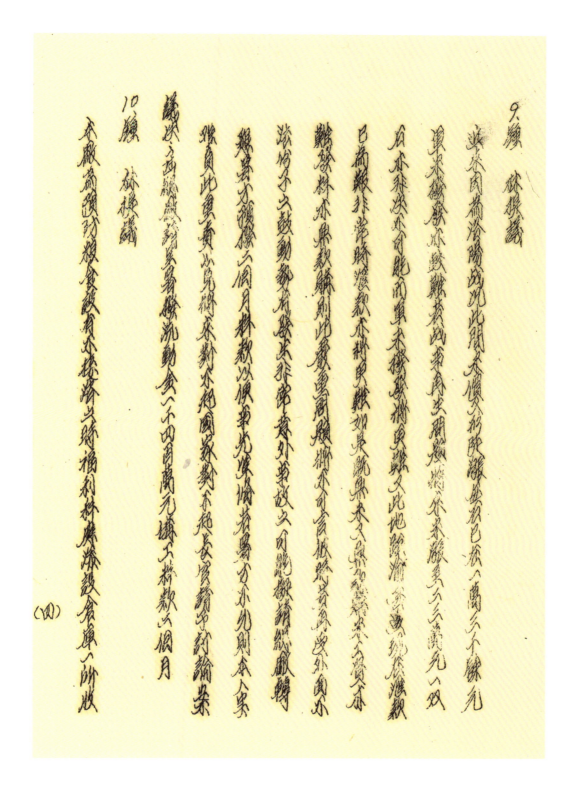

9、[illegible]

[illegible]

10、[illegible]

[illegible]

(四)

113

前案分於必要時再以翻稿改請付議案

議決：照辦

11、臨時動議

運輸股張文良提出：員工放假運輸之事實屬甚多，似應於嘉定運煤及木料等機關運輸材料木船十艘招工八百名以資應用

請討論案

決議：運輸股辦

12、臨時動議

前次職工會議議決修建俱樂部及第二宿舍尚未着手進行請予

討論案

決議：請總務科先擬辦法並妥為籌劃

散會

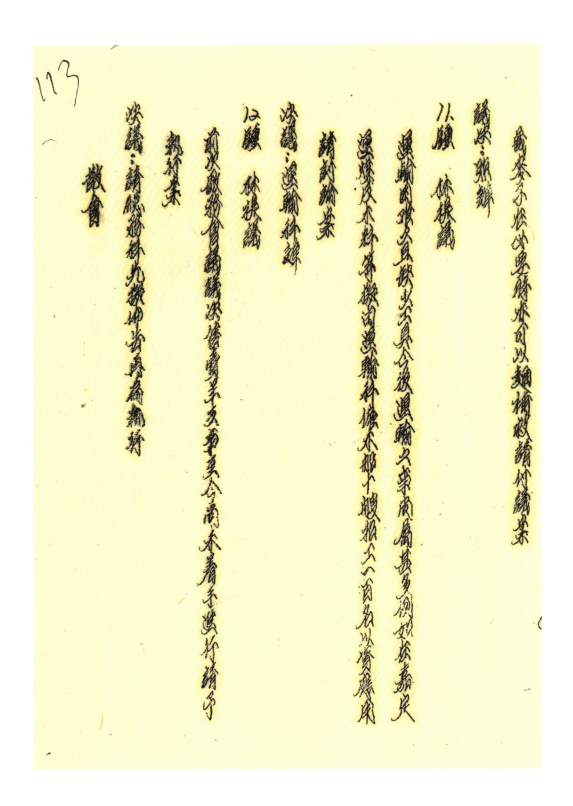

军政部兵工署第五十工厂成都分厂一九四四年第二十次厂务会议记录（一九四四年五月二十二日）

成都分厂三十三年第二十次厂务会议记录

地点　公务科

时间　五月二十二日上午八时

出席人数　顾　林　苏演义　俞守身　洪世虞　黄继贤
李晨曰（因公出差 吴焕猷代）　郭蔚泉　沈其柏　杨文翰（公差）
张同义（余广扬代）　李鸣锋（王殿选代）

主席　顾　林

记录　钱南泉

行礼如仪

甲、报告事项

一、主席报告

一、过去各方面看来尚属相当平稳，惟最近因[illegible]不少问题

但今又原來條因已在各食糧廠房購基之來不能運用以致不能
接濟而發生恐慌現狀
人力物質之不經不能觀效而不能致成最無發展出但現有亦能
嚴密調節運繳
現在以本廠情勢及目前之運輸勞役第一福利補第又勞役之困窮
本廠木料及原料購辦之黃丹糯米積運輸價廉以資接濟
兵工廠如原料勞役子弟學校福利儲蓄輸股俱自修鐵精購
當時購買各項材料去採價洋後本條營業股長為說

八、討論事項

二、郭廠長提議

購買食糧器具錢各項材料特發各案福利科為購買案業購買各案
決議：福利科推購本廠原有購料人員另發儲金時期材料管理人員

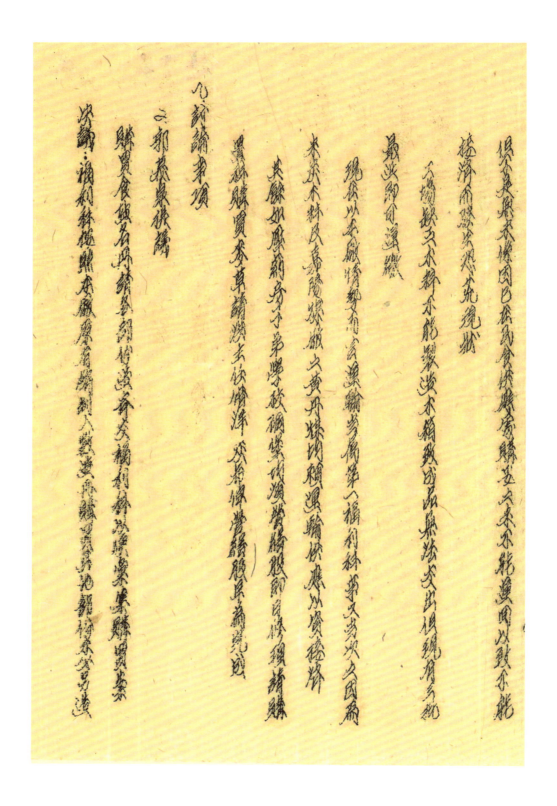

三、黄頌猷提議

文具用紙等，本館每月約需五十餘萬元，現在價值飛漲，約須九十餘萬元，文具一項即需六十餘萬元，目前購買三萬餘元之文具不敷供應，如何辦理之處，請討論案

決議：購買文具不必求其精良，以合用為宜，庶務股按照實際用量撥發，每月檢討，以購買十萬元文具用資節省

散會

军政部兵工署第五十工厂成都分厂一九四四年第二十二次厂务会议记录（一九四四年六月五日）

進字第1390號

116

中華民國卅三年六月壹五日 [illegible]

秘書發字第23號

成都分廠三十三年第二十二次廠務會議記錄

地點：工務科

時間：六月五日上午八時

出席人數：顧　林　顧興義　俞宗孚　黃維賢　沈其相　鄭叢泉　李蔡[illegible]（因公出差，黃[illegible]代）　張同義　李端[illegible]（李殿選代）　談世虎　盧文彬（公差）

主席：顧　林

記錄：魏甫泉

行禮如儀

甲、報告事項

1、主席報告

上週於本分廠附近[illegible]

（八）

岌不能運到因之影響之場條交之交來現錢岌已運到之下餘額

并繼續之批運來現類日後無問題矣

前札條交之交委之貨兩交加價力因以條約對目無尾太日又

無尾機此條尾情形不樣為貨兩文利賬因本廠只尾對公司尾費

已入個月約該百萬元以上此亦本無賬條現據其請該公司負責人

員籌便續求減價之利其賬廠賬于其錄撥務部錄于轉令該公

司設減尾費入票本廠長批仍由本廠分從清賬撥所以本務不多撥

分輸以備補救

賬務交貨四川省總廠賬款款尚有三之多萬元未付撥多次據案

均成拖延狀態此後本分廠總據賬款分剝尚尾撥接其積撥例

以須始終以鐵賬賬處處續入

又王廠內本文部色利多之對廠務

引信部目前銅條缺乏，修繕已改美速材

滿缺，但現用銅條多爲市場購料運費

其餘問題詳容出席人員提出討論

2、購運業務者

據本處業務股報告，以往公開品設兩月以來只購進六萬餘元現庫

物資，發各部份領用甚多，本處購置材料即速購買以利辦公

3、會計事務者

(八)分廠經費至前日止尚存僅八萬餘元，現急待交付者如五月下

期之資款五十萬元，嘉陵煤炭運費約六十萬元，又電費照說明

公司原價每月約五十萬元，現已欠至三個月，即須付清，共每月需十

萬，本需八百六十萬元，約共六百五十萬元，照目前經費開支是否

能配合預算，實屬問題，前曾簽請總廠月撥七百萬元，始可勉強

(六)

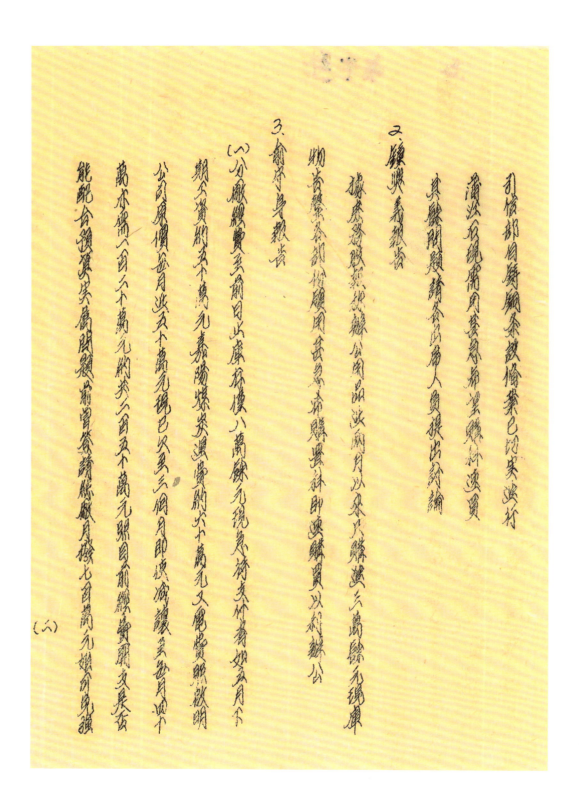

117

維持俱樂部組織以每月出品兩次之成績對於經費彌補增加不

人之意以為然須從源節流請付討論

（二）最近新進之人員有多數係六月份前擬資遣之上海人即娛樂部未

更改發於呈報時係其內容又近來滬費日高及之並有雖其須代貸

因本俱以去月份本代實須想數撥測網合當時米價為大戶則貨有

每人長之連之貨然後內分發每月須隨支因不免之請付公示

再增加以免影響經費

（三）凡職員之職開革之支薪被遺之其其實長多有時之人時其價

值較之今不免以其其實時辦蘇其其為本轉請發到遺職

此時惟有將發給金融請議價須米素報之增加

面其其可以改進實現其須之補隨時各其請付討論

（四）福利委員會會計主任人選請定已以前辦理其用辦之保其款

會會計室辦事章則未能確實擬具草案呈報核奪是否合
用請早發出八又本分厂送貨開署廠各廠核准會計會議提示
餘料品變價收入可撥充福利基金本分廠似可為求請呈
報鑒核

(五) 福利科八至九月份平價補款請速發以便本科發給二十六年
度食糧從八月份起自餘公分廠未請領請速查復

III. 困難 材料方面

(八) 出品問題 本年八月份所接炸彈件已到八萬另五千餘顆尾翼數量
相差甚遠因材料所購馬丁鋼不合用引信亦尚未檢驗較量因係初
次本批原來數量加八倍相較前次增長因此產量較少而據
彈體已到152批另除抽驗只到145批又以本頒數及因此出品不快
總廠每月給予五百五十萬元又另撥專款八百萬元共六百五十

(六)

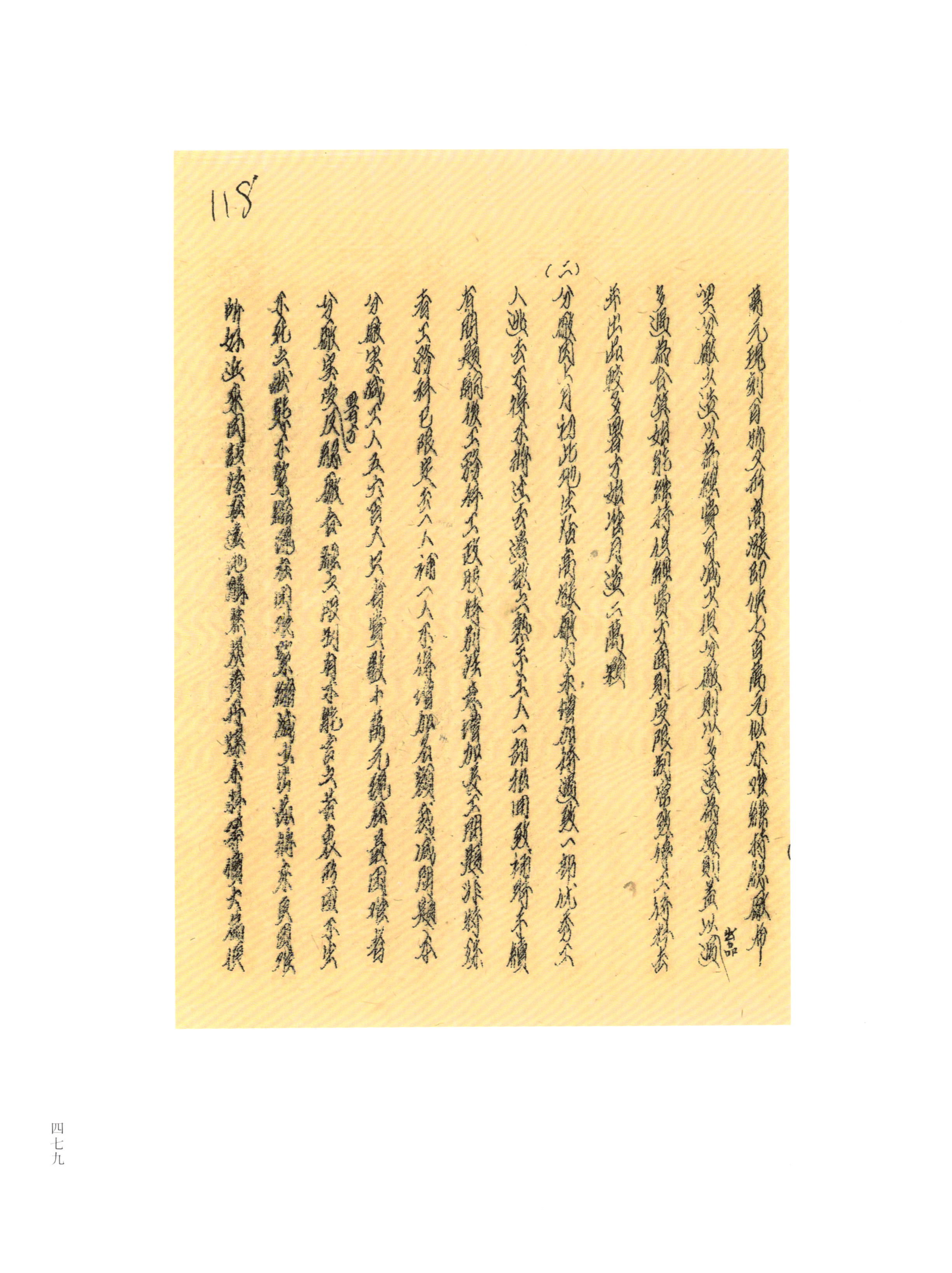

118

（二）

[illegible]

實感困難，且每月造成商業恐慌，致價格紛擾一切

（三）工資問題：本廠因限於廠費，規定尚屬相當優裕待遇，未及他廠

同類之資，因係人工價值，但有部份工友不易覓得，稍稍後雖

開則技工離職，係給係缺人，亦為大量，除有致使工資過高

再者轉辦情形，此以後追高亦有額持工人偷盜他人工具

搶出變賣，而失竊者多係職員工人，所以此項情形發生，業

經因職務內工務科於法意外損壞，積貨組處理個案

（四）廢料出賣問題：過去廢料儘為易舉，獎勵會首先交貨收費

但決定今後改由商人前來合同公司，以供需用，擬全部讓售給已

該商所購之廢料，存廠累積甚久，廠方覓人搬取他們，水運希望

積貨組會計科協助交貨，並且不能按明此項承繳

係池清內搬出係本好未便，擬以今後撥交他處，嗣后則本

（四）

119

厥県弟望矣

（五）請郭縣長福利科賬目從速核對

（六）請總務科催報縣府機構公所尚欠之六百萬元未付請速撥

籌經費

5. 郭慕果報告

福利委員會會計實為福利委員會內部組織之一務望縣會

唯於關係尤為緊切還望本縣將之廉因據此廉辦長又將前

本區縣商廉辦長又為福委會會長兼多事務無法推動

糧食之擴展尤為重要最後查辦之人事奉令股長役職由是前

受翻代辦人員前後不相接簽賬目錯誤或許有之本股股長

下月即可集查本縣府前賬目不能清楚請會計股負洗

福委會發給去年食米尚差處前縣府與賬目不清楚辦人員

最近以來物價高漲膳食此自願及伙食來源係每月熱發不敷員役伙

需而會計科不加查詢即武斷為舞弊本人對此甚為痛心本

人接受廠長之命純以服務為目的雖無懷樹來無隕越要并以

來公受廠長對斷接之處按由本人按外擱價理以維持伙食以來

荒而會計科竟由文件無錢而斷又發柔疏此種情形自屬痛

盡之責職不敢言功然亦可告無罪

6、會計員報告

關於本科簽報福利科帳收入膳錄貪污舞弊及有八案係根

據本廠購料帳根及報轉陳并已將原簿第五項所列似有舞弊

等情況查肉本人加以刪除查實其上自以查閱若其不成以此小節

介員本人對福利科長道德文章素所景仰該項帳款之數業

（五）

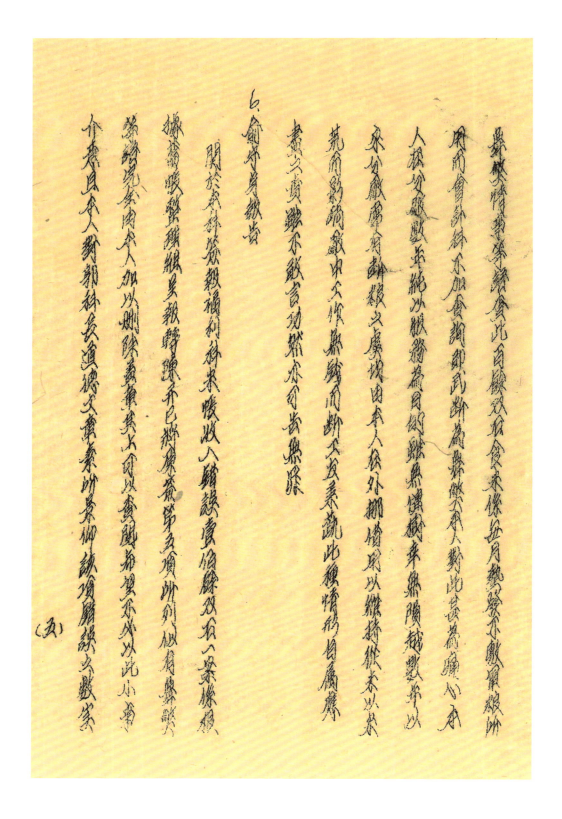

120

因福利科收帳與總收支不符并與勞動服業根無關本科整頓當帳亦未勘查後與勞務錯誤仍請福利科轉勸職手人根據本科開送之細數表退予會後以清帳目

乙、討論事項

丙、張同義提議

本區今調敵人遂派情報人員偽裝下流社會人士來本廠投方設法潛入各公廠及其他重要地點刺探消息或破壞事業擬請本分廠對於出入人員及各部分役從嚴審查驗明以識以防奸人而策安全請付討論案

決議：轉分廠公處切實負責以免發生意外

散會

军政部兵工署第五十工厂成都分厂一九四四年第二十三次厂务会议记录（一九四四年六月十二日）

121

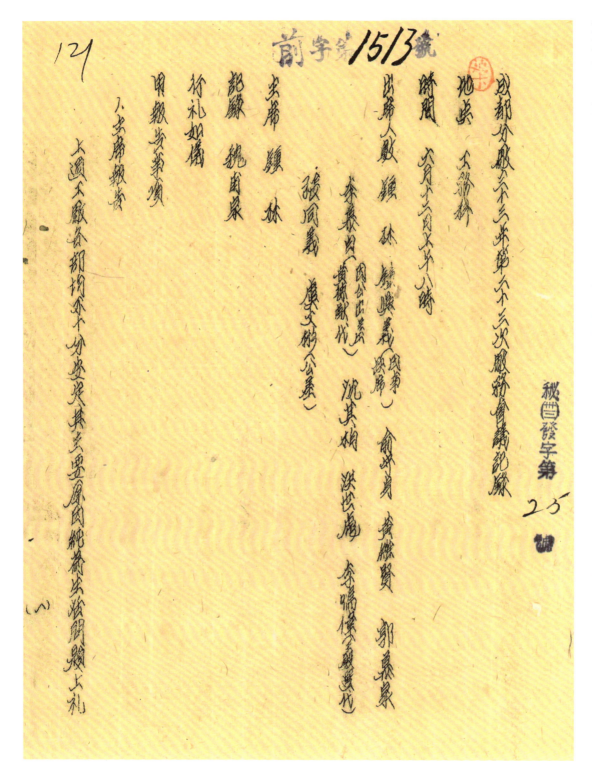

前字第1513号

秘书发字第25号

成都分厂三十三年第二十三次厂务会议记录

地点 本厂办公厅

时间 六月十二日上午八时

出席人数 颜 林 钟焕彝（因事缺席） 俞如月 黄怀贤 郭嘉泉

李长白（因公出差 黄梯献代） 沈其炳 洪世彪 李鸿傑（严敏远代）

孙同义 严文彬（公差）

主席 颜 林

记录 姚国泉

行礼如仪

甲、报告事项

一、主席报告

上週本厂各部均未十分变更，其主要原因纯为出品问题，上礼

（八）

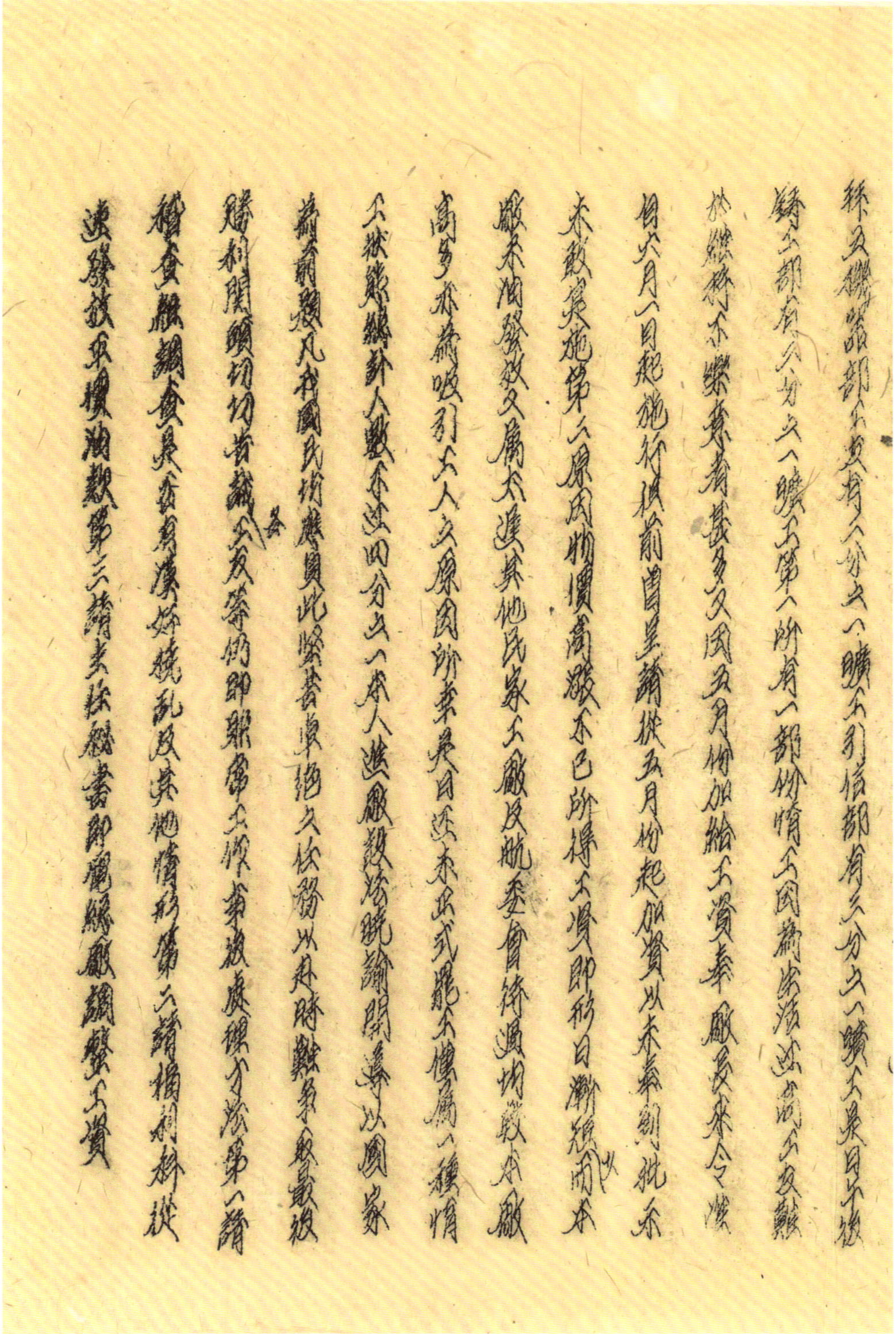

現在現象嚴重，似宜移送昆明治療，不但本廠困難，而在他廠

亦屬困難，在此非常時期，以非常辦法應付，亦可

缺燃料問題，亦屬相當嚴重，本廠不是無燃料，是有燃料而不能運

回，已有停炊之虞，運輸材料，應負相當責任

該將司處早成為問題，以後燃料檢驗，此項問題已屬嚴重繁雜

材料撥救未完成之前，以加倍補獎收，對繫試驗而求成績

材料分配總廠，一月份運出兩个鋼，因不損，尚未到達昆明，現已到

本廠其餘各料如欲購買，現已因無法起運，不日可到

食米現又購入，會議於本月份與燃料米荒問題，酒精布匹購買

六、會加命

一、須送第六所炸傷工人八名，第八所傷獎及帶又亂傷工人八名頭

撫卹，又其餘第八所請各方面獲獎報告

（六）

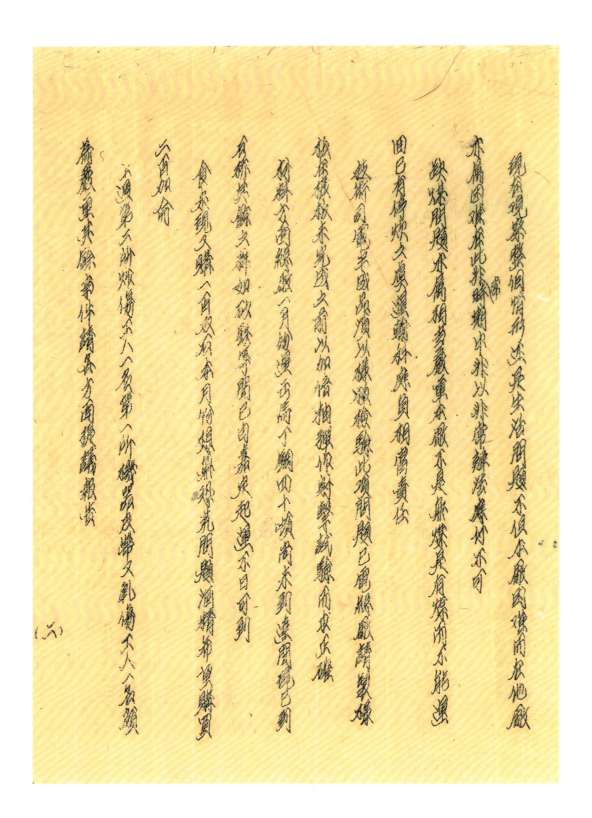

乙、討論案項

郭慕泉提議

並收糧運單米耗損甚大，所賠商米則有多餘，以商米之多餘補

單米之不足，尚可相抵，惟須運回單米，米不足之數，須由承運者賠償，

以致承運者不敢包運，與如何辦理之處，請討論案

決議：該賠商家之米，將由糧食會計兩會同驗收，凡單米及賠

償之米，實或損耗者，由賠償會計科又驗品質不驗數

量，損耗以米糧依法令規定為原則，并要照商耗損率為不

足之九糧月前實際情形，報請核辦，不得統計除過損者度部

份員各月少交目起改施行，及有顧稱盤檢論以不賣賣

[illegible]國[illegible]提議

（八）本縣各部會米之轉運[illegible][illegible][illegible][illegible][illegible][illegible][illegible][illegible][illegible]會[illegible][illegible]

由價改發代金既可節省運費又免許多麻煩請討論案

決議：有關規例擬定原則後再行呈核

(六)桃委會招募工人以待遇較高而吸引本廠工友甚多最近因有數多人前往者有不及返請制止請討論案

決議：照辦

壬廠長提議

(八)本廠員工眷屬應一律佩帶證章而佩帶者仍屬無幾或佩帶者將證章藏於衣底或佩於不顯明處以致衛兵無從稽考應如何辦理請討論案

決議：佈告通知

(九)本廠請假潛逃者甚多據以出廠為待遇低微不能維持一月生活加津貼請討論案

(十)

123

決議：會計科會同警衛隊商酌辦理

散會